刑事审判信息化研究

XINGSHI SHENPAN XINXIHUA YANJIU

秦　汉／著

法律出版社 LAW PRESS · CHINA
北京

图书在版编目(CIP)数据

刑事审判信息化研究 / 秦汉著. -- 北京 : 法律出版社, 2024

ISBN 978-7-5197-9194-0

Ⅰ. ①刑… Ⅱ. ①秦… Ⅲ. ①刑事诉讼－审判－研究－中国 Ⅳ. ①D925.218.4

中国国家版本馆 CIP 数据核字(2024)第105872号

刑事审判信息化研究
XINGSHI SHENPAN XINXIHUA YANJIU

秦 汉 著

责任编辑 李 群 赵雪慧
装帧设计 臧晓飞

出版发行 法律出版社
编辑统筹 法规出版分社
责任校对 张红蕊
责任印制 耿润瑜
经　　销 新华书店

开本 710毫米×1000毫米 1/16
印张 14.5　**字数** 200千
版本 2024年5月第1版
印次 2024年5月第1次印刷
印刷 北京新生代彩印制版有限公司

地址:北京市丰台区莲花池西里7号(100073)
网址:www.lawpress.com.cn
投稿邮箱:info@lawpress.com.cn
举报盗版邮箱:jbwq@lawpress.com.cn

销售电话:010-83938349
客服电话:010-83938350
咨询电话:010-63939796

书号:ISBN 978-7-5197-9194-0
定价:56.00元

序

审判信息化是近年来我国司法改革的重要内容之一，是司法领域以数字化驱动中国式现代化的一扇窗口。随着刑事审判信息化建设的日益推进，如何在与技术融合的过程中保持刑事司法所追求的程序公正、实体公正等基本价值，是我们在现今社会发展过程中所亟待回应的问题。带着对这一问题的思考与追寻，作者秦汉多年以来一直在这一领域耕耘，本书便是他对此反复斟酌以后所形成的记录和成果，凝结了他对该领域的实证观察与学理思辨。

秦汉是我指导的直博生。记得2014年秋，秦汉在保研前期联系我直接攻读博士事宜，彼时，中国新一轮司法改革的画卷正在徐徐展开，刑事司法领域的新兴试点亦在不断推进，秦汉当时便表达了对司法改革研究的憧憬，立志对此展开钻研。他对学术的执着和对新问题的敏锐给我留下很深印象，在众多保研候选人中脱颖而出成为浙江大学诉讼法学专业直博生，应该说是很不容易的。在此后的五年中，秦汉在我的指导下对司法改革的许多热点难点问题进行了研究，并先后在《政治与法律》等核心期刊上独立发表了多篇相关论文。博士论文开题时，经过我们的多次探讨，他选择了继续对司法改革中的审判信息化问题展开研究。当时，中国刚刚进入对智慧司法的研究，宏观层面需要更多关于技术与法理相融合的思考，微观层面亦需要更多基于试点研究的精细化制度讨论。带着论题，秦汉在国家留学基金管理委员会的支持下赴美国西北大学法学院进行联合培养，收集和访问了美国的相关研究素材，为研究中国的审判信息化提供了灵感。回国后，秦汉在我的指导下顺利完成博士学位论文，并获得了第五届陈光中诉讼法学优秀博士论文奖。成为教师以后，秦汉继续对前期研究进行深耕，四年来持续地对刑事审判信息化的研究进行同频深化，终于在增改和完善博士学位论文的基础上将本书定稿付梓。作为导师，我指导并见证了本书从选题、写作、成型、打磨，直至此次出版的多年历程，看到学生在学术上的每一步成长都尤为欣慰。

基于对宏观与微观层面相融贯的研究需求，本书以“总—分—总”的结构对审判信息化进行研究呈现。总论部分旨在构建刑事审判信息化的基础理论，本书通过文献梳理总结出审判信息化的研究基础，界定了审判信息化的研究内涵，并从历史视角、比较视角、组织利益视角等角度作出理论建构。分论部分以信息的“获取—传递—利用”作为研究逻辑，对应地将远程审判、电子卷宗、智能裁判作为研究对象，就其实践入手，以相关法律原则为检视标准进行探讨。对于远程审判，本书以直接言词原则作为检视远程诉讼的标准展开研究。对于电子卷宗，本书提出了它在审判信息化背景下成为过程证据的价值基础和规范构想。对于智能裁判，本书从判例法和成文法、实体价值和程序价值、审判管理与审判管控、人文主义和数据主义之间的抉择展开研究。总结部分依据达马斯卡国家权力的相关原理对我国审判信息化进行剖析，并结合技术与司法的双向互动基础，提出了我国刑事审判信息化的未来方向。

在科技创新快速迭代中，刑事审判信息化的建设只是沧海一粟，但对于具体的个案而言，审判信息化所投射的办案质量、办案效率等问题却又会真实而深刻地影响特定社会个体的生存与发展。所以，在科技的大浪潮下，必须谨慎地审视它们对于审判活动的每一项影响和每一个应用。毋庸置疑，在当下的中国，刑事审判的信息化是一个宏大而精细的司法演进过程，对于它的关注既需要着眼于宏观的理论基础——探索刑事司法理论与现代科技理论的适配性，也需要着眼于微观的具体应用——反思实践过程中的路径方法是否与刑事诉讼理论相匹配。本书以此双重视角展开，努力尝试对我国刑事审判信息化的理论和应用进行双向的研究。

当然，由于技术的不断发展和制度的不断优化，有关审判信息化的研究还将在未来的时代潮流中出现新的应用和变换，本书对审判信息化的思考亦有可能在未来的发展进程中出现一定程度的局限性和不足性。特别是随着数字法院建设的深入，实践再次走在了理论的前面，也带来了诸多新的课题。虽然本书的研究在有的地方还有商榷的空间，但作为青年学者的探索已经是难能可贵。至少本书可以为审判信息化的诸多讨论提供素材，抑或提供“靶子”，也期待学界同仁共同助力中国数字司法的稳步前进。

是为序。

胡　铭

2024年4月7日于浙大求是村

目　录

绪　论

一、研究背景

早在“五四”运动时期，中国的改革先驱就认为“赛先生”（科学）和“德先生”（民主）才能使中国免于内部崩溃和外部侵略。此后，中华人民共和国的改革总是充满了对科技因素的向往。无论是中华人民共和国成立初期积极的科技政策，还是改革开放时期“科学技术是第一生产力”的论断，抑或“八五”计划将科学技术提升至国家战略，① 都体现了科技在国家治理体系中的重要性。党的十八大以来，科技创新依然居于国家发展全局的核心位置，许多领域因科技的发展而不断得以突破，科技在中国大地上绘就的画卷正在徐徐展开。

随着科学技术的不断发展，尤其是“信息革命”的来临，这些信息化技术被引入司法审判，成为当下司法体制改革的重要组成部分。2016 年，《“十三五”国家信息化规划》颁布，明确提出了要“支持‘智慧法院’建设，推行电子诉讼，建设完善公正司法信息化工程”。同年，时任最高人民法院院长周强也提出，要通过提升信息化水平来实现审判体系和审判能力现代化。② 2017 年 4 月 20 日，最高人民法院印发《关于加快建设智慧法院的意见》，指引法院管理信息系统的智能平台建设工作。同年 8 月，中央全面深化改革领导小组以《关于上海市开

---

① 参见李效时：《科学技术在生产力发展中的地位和作用》，载《科技进步与对策》1991 年第 4 期。

② 参见周强：《以习近平总书记系列重要讲话精神为指导全面推进审判体系和审判能力现代化》，载《法律适用》2016 年第 7 期。

展司法体制综合配套改革试点的框架意见》为窗口，指出了规范权力运行、深化科技应用、完善分类管理、维护司法权威是当下司法体制综合配套改革的主要内容。随着这些文件的发布以及司法实践的发展，固定事实、认定事实、适用法律和司法办公等审判活动的信息化改革成为当下司法实践的重要趋势，[①] 我国司法审判工作开始进入信息化时代。

根据中国社科院法学研究所法治指数创新工程项目组编写的总报告《2018 年中国法院信息化发展与 2019 年展望》（以下简称信息化报告），截至 2018 年，中国的法院信息化建设已经卓有成效，并且已经“处于世界领先水平”，是当前阶段中国法院取得的“最伟大的成就之一”。从信息化报告的内容可以看出，中国法院在信息化建设上主要分为三个功能向度——信息化助力司法为民、信息化辅助审判执行和司法管理、信息化服务国家社会。其中，第一个功能向度主要在于简化当事人的诉讼流程，通过网上立案、网上缴费、网上证据交换、网上开庭、电子送达等五大电子诉讼标准模块，来减少当事人因为诉讼而付出的成本。第二个功能向度是通过电子卷宗、人工智能审判、移动办公、云技术的信息存储和传输、网络执行、庭审自动监督等技术的构建，来提高司法管理的效率。第三个功能向度则包括借助互联网扩大司法公开的方式、利用司法大数据辅助党政决策、借助网络就地解决纠纷等内容，意图通过信息化的手段来实现司法的社会治理效果。对于以上三个功能向度，该报告无不满意地指出“人民法院信息化取得不错的成效”[②]。有学者曾指出，在社会力量与国家互动中，信息技术的发展会对社会力量赋权——信息技术会令边缘化的群体克服资源的限制和阻力以获得相应的权力。[③] 在审判的信息化改革中，这种对社会力量的赋权功能尤为显

---

① 参见尹锋林：《当代司法科技的基本架构和发展趋势》，载《科学学研究》2019 年第 2 期。

② 陈甦、田禾主编：《中国法院信息化发展报告 No. 3（2019）》，社会科学文献出版社 2019 年版，第 2－37 页。

③ 郑永年：《大趋势：中国下一步》，东方出版社 2019 年版，第 143 页。

著，从改革者的布局来看，都将当事人的便捷性和司法效率的提升视为其改革立足点。

对于审判信息化改革，很少存在对其改革本身的反思，尤其是从制度层面进行考量。第三方所著的信息化报告也仅用极小的篇幅对这一信息化改革的问题作出方向性的描述，只提出了“重建设轻应用、重技术轻效果、重系统轻协调、重整体轻细节、重便捷轻安全、重设施轻人才、重速度轻论证”这七点宏观内容，对于改革之下的具体制度生成，未能作出更多论述。对于这一场声势浩大的审判信息化改革，在一场由上海交通大学与阿里巴巴团队合作的对话中，就有学者指出，目前法学界对于这些信息化改革的讨论更多的在于技术视角下法律领域的挑战，而很少有学术研究总结由技术创新导致的社会秩序和权利义务结构的变化，以及由此带来的对法学理论的挑战和影响。①

因而，这也形成了本书的写作起点——在信息化改革之下的审判结构中，新型权利（力）义务结构如何调整？新旧交替之下，如何通过制度优化来修复由技术引发的司法困局？改革的利益分配与改革目标如何进行协调？与其他国家相比，中国的信息化建设又有何特殊意义？本书在对审判信息化改革进行具体描述之外，也将对这些改革的利益取向、司法规律进行研究。

二、研究现状

我国关于审判的信息化改革实践大体经历了三个阶段，从最初的电子化，到之后的网络化，以及现阶段的智能化。但是，实践层面的阶段化分层在学术研究中则有所差异，无论是在 20 世纪后半叶计算机开始引入我国的审判活动中，还是如今开始使用人工智能等一系列新型技术进行审判活动，学术层面的研究主要还是围绕着两个方面展开——技术

---

① 参见俞思瑛、季卫东等：《对话：技术创新、市场结构变化与法律发展》，载《交大法学》2018 年第 3 期。

引入司法后的设想和司法中技术引入的局限性。从时间维度上划分，对于技术引入司法后的研究有两个明显的“高峰”：第一个高峰是20世纪后半叶，此时恰逢我国改革开放，计算机在我国逐步扩大应用，司法领域参照国外的相关做法，对信息技术在司法中的应用寄予厚望，这一阶段的研究主要是“由技术推动学术”，多以介绍性的研究为主，很少谈到技术对于审判的影响和局限。第二个高峰则聚集在近十年，尤其是国家信息化战略和“智慧法院”的提出，由政策的提出推动了学术的聚焦。在这一阶段，相关学术研究除了对技术的介绍性内容以外，还对各项技术在司法活动中的作用进行了细分，研究范式由对技术的普及转向司法目标的实现，并由此讨论了法理视阈下的技术局限性。就学术研究的功能而言，第二阶段已经超越了我国司法实践技术空白的现状，而转向理论层面的反思与评价。

（一）技术推动学术

1983年是中国法学学者进行“审判信息化”的萌芽阶段。在这一年，有不同的学者基于国外计算机在司法中的应用，对“审判信息化”提出了自己的设想。虽然尚未形成“审判信息化”这一概念共识，但所谈论的实质大抵相当，即利用计算机设备完成法律条文的录入，以简化对法律的检索过程。

吴世宦教授等学者在《电子计算机法律咨询的设想与前景》一文中指出，由于我国法律专业人士有限的数量无法满足急剧增长的法律咨询需求，可以通过建立“电子计算机咨询中心”的形式，将所有的法律法规、诉讼程序编号入计算机内以备检索之用。[①] 这些学者认为，这套咨询系统的主要功能在于提供“参谋”，包括对立法功能的校检、辅助经济管理的运行、向社会普及法律知识、为司法机关提供检索之便

① 参见吴世宦等：《电子计算机法律咨询的设想与前景》，载《科技管理研究》1983年第2期。

利，可以为我国的“法制建设闯出一条新路”。

此后的几年间，结合国外的经验，我国学界对于审判的信息化进行了诸多的介绍和论述。有学者在《法律工作的计算机化》一文中发声，倡导将法律工作进行计算机化建设。[①] 该研究参照西德司法部于 1973 年建立的 JURIS 系统和 1972 年建立的警察信息系统，构想在我国也可以利用计算机查阅法律资料、远程查看案情。并且，也有学者提出，引入计算机后的法律工作需要从民用化和国际化两个方面着手，不仅普通诉讼参与人可以适用，国际化的司法审查也可以借助计算机得以实现。除了西德，凌杰教授对于美国存储法律资料的计算机系统如何运行，也在这一阶段进行了详细的说明。[②]

在当时，面对世界范围内计算机科学的浪潮，有一小部分法学学者开始主张“对新技术革命带来的新问题进行预测性研究”。[③] 例如，何玉教授介绍了计算机辅助判案系统在判例法国家和成文法国家的不同应用，首次在国内文献中提出，判例法国家利用案例数据库更容易让计算机做出模拟预测，而成文法国家则需要通过法官的解释才可以对定性、量刑提供方案。[④] 然而，在这一问题还未在国内引发重视与讨论的情况下，审判信息化的另一个热点话题——专家系统便紧随而来，淹没了学界对于技术引发的司法问题的探讨。此后的很长一段时间内，我国关于审判信息化的讨论都聚焦于专家系统，而很少对信息技术引发司法困境进行更为详细的讨论。

对于专家系统，邢文贵、孙占茂是国内将司法领域的专家系统介绍

---

① 参见龚祥瑞、李克强：《法律工作的计算机化》，载《法学杂志》1983 年第 3 期。

② 参见凌杰：《电子计算机与法学研究——介绍一个辅助法学研究的电子计算机系统》，载《法学研究》1985 年第 1 期。

③ 参见柯穗娃、陈建福：《新技术革命带来法学新课题》，载《法学季刊》1984 年第 3 期。

④ 参见何玉：《计算机技术在国外法院中的运用》，载《政治与法律》1985 年第 2 期。

至国内的先驱,[①] 他们在《专家系统在司法工作中的应用》一文中指出，专家系统可以通过将专家前辈的专业知识存储至一个数据库中，让计算机通过对逻辑推理的学习，来模拟出专家对于司法问题的解决过程，帮助司法人员在审判的过程中产生相应的决策依据。[②] 之后若干年间，我国学界率先做出试点，建立了首套“中国刑法专家系统”，该系统除了对法律条文提供检索功能之外，还构建了个案辅助定性、辅助量刑、数罪并罚三个维度的推理判断系统,[③] 在武汉市中级人民法院与武昌区人民法院进行了试用。但是，最终并未在全国范围内铺开。

此后，由于法院体系司法改革新主题的确立，更多的改革资源向司法公开、错案纠偏等审判的程序性事务进行倾斜，以及宏观政策层面对这些技术并未给予持续的经费支持，以“专家系统”为“旗舰”的信息化建设开始迅速降温。即便是在 21 世纪初，山东省淄博市法院构建了一套“电脑量刑”系统——该系统与当前智能裁判系统的司法逻辑类似,[④] 但与当前学界的研究“热度”相比，当时该话题也并未在学术理论层面成为研究热点。在近 20 年间，学术界只有零星的有关信息化审判的研究，如有学者在展望如何提高审判效率时，提出可以通过部分工作试行“电审化”来代替机械的人力劳动,[⑤] 也有学者介绍了国际刑事法庭如何运用信息化技术进行审判及审判管理，有法官撰文提出可以

---

① 参见邢文贵、孙占茂:《专家系统在司法工作中的应用》，载《当代法学》1987 年第 2 期。

② 参见田天:《〈中国刑法专家系统〉在汉通过鉴定》，载《中南政法学院学报》1990 年第 4 期。

③ 参见赵廷光:《论〈中国刑法专家系统〉的研制》，载《武汉大学学报（社会科学版）》1991 年第 2 期。

④ 2004 年 5 月 23 日，《新京报》刊登了一组名为《输入犯罪情节电脑作出量刑》的报道，介绍了山东省淄博市法院尝试电脑量刑软件的开发和应用，《法制日报》《民主与法制时报》《南方都市报》《IT Media News》等众多新闻报纸、杂志都对此作出了报道和评论，但是在这一阶段，国内法学类核心刊物却很少对这一话题进行讨论。

⑤ 参见吴志攀:《提高审判效率的另一种思路》，载《人民司法》1999 年第 11 期。

通过电子手段提高国际商事纠纷的送达效率。[①] 其间，虽然2002年10月召开全国法院信息化建设工作会议时，时任最高人民法院院长肖扬提出要推进法院信息化建设、提高司法公正与司法效率，[②] 但这些改革只存在于“文件”和实践层面，相关讨论至多只能见端于相关媒体报道，而很少有学术研究对其进行深入讨论。

（二）政策推动学术

在沉寂了将近20年后，司法的信息化问题在2015年最高人民法院“智慧法院”概念的提出后，再次开始在学术界被广泛讨论。在这一阶段，由于智慧法院、电子诉讼等相关司法试点的兴起，并辅之以我国信息技术的逐步完善，受此鼓舞，学术界开始较为细化地对审判的信息化构建进行讨论，从司法公开、司法效率、司法公正三个维度对信息技术在审判中的作用进行阐释。但是，由于在实践层面“我国法院系统以智慧法院为目标开展的信息化建设，局限于司法电子化作业这一工具层面，还没有上升到方法论和价值层面，”[③] 学界在功能介绍以外，开始更多地对这些技术如何完成价值实现，以及在实现价值过程中所面临的困境、对原先司法习惯的颠覆进行了描述和分析，主要包括司法公开、司法效率和司法公正三个主题。

其一，司法公开。有学者在谈及信息化时代的信息公开问题时曾指出，“数据共享是司法信息化的核心要素”，[④] 包括审判管理、审判过程和审判全程的数据共享三个方面，这些司法审判的共享、透明，是司法根本价值与现代技术嫁接的初心，也是政治文明借力技术进步的提升和

---

① 参见鞠海亭：《电子方式送达法律文书问题研究》，载《人民司法》2006年第5期。

② 参见王世民：《稳步推进信息化在审判工作中的全面应用》，载《人民司法》2007年第17期。

③ 陈国猛：《互联网时代资讯科技的应用与司法流程再造——以浙江省法院的实践为例》，载《法律适用》2017年第21期。

④ 参见江国华、何盼盼：《数据共享与中国司法现代化》，载《中国高校社会科学》2017年第1期。

体现。[1] 但是，对于司法公开的具体内容，我国学界一直缺少明确的定义，在司法公开和司法信息公开上存在较为模糊的界限，[2] 在现有的学理讨论的基础上，只能根据最高人民法院发布的《关于司法公开的六项规定》对审判公开进行大致描述，[3] 即认为审判公开所指的是审判活动本身的公开。所以，这些以“审判活动的公开”作为司法公开内涵的相关研究，大多将庭审网络化作为研究对象。例如，《信息化时代庭审方式变迁的实证研究》一书就将庭审公开作为信息化时代庭审方式变迁的重要内容，其认为，中国庭审公开经历了人民公审、旁听庭审、新闻记者采访庭审、信息化时代庭审公开四个发展阶段，而庭审直播就是当前信息化时代司法公开的重要标志，它以公众的知情权为入口，以即时的司法监督促成了司法公开的效果达成，已成为世界范围内的主流趋势，其在规范庭审行为、保障新闻自由、提高司法透明度、确保程序公正四个功能向度上发挥着作用。[4]

但是，当下庭审公开层面的信息化建设也并非完美，有学者就指出，虽然庭审直播可以通过司法透明来提升司法公信力，但由于技术原因也存在各地方之间发展不够均衡的困境，并且在直播的规范体系、技术稳定以及完整度上存在问题。[5] 也有学者从公开的实质性入手，其研究表明，虽然网络庭审承担着司法公开的重任，但在基层实践中也表现出法院的“选择性公开”——审判“内卷”制度的存在令法院的网络庭审流于表面，无法从实质上解决庭审虚置等问题，并且，庭审网络化

① 参见徐骏：《智慧法院的法理审思》，载《法学》2017 年第 3 期。

② 参照《政府信息公开条例》中对“政府信息”的定义，“司法信息公开”应该特指司法运行状态的公开，即“对司法公开的公开”，是一种审判管理语境下的概念。参见谢澍：《司法信息公开：误区、澄清与展望》，载《东南学术》2015 年第 1 期。

③ 《最高人民法院关于司法公开的六项规定》将司法公开的范围扩大至立案公开、庭审公开、执行公开、听证公开、文书公开和审务公开。

④ 参见梁坤主编：《信息化时代庭审方式变迁的实证研究》，清华大学出版社 2018 年版，第 213 页。

⑤ 参见何家弘、王燃：《法院庭审直播的实证研究》，载《法律科学（西北政法大学学报）》2015 年第 3 期。

的功能更侧重于法院宣传功能，无法使其从审判中心主义的改革目标中进行切割，基于此，我国庭审网络化的研究重点需要从技术层面向公开的具体法定形式、法定范围转型。[①] 此外，也有法官指出，司法公开的目标价值并非在于“公开本身”，而需要建立回应机制，对公众监督和公众舆论作出及时评价，以实现回应型司法的转型。[②] 虽然以网络庭审为核心的信息化司法公开在公开形式上有所进益，但其依然在公开范围、公开效果上受到了学界质疑。

其二，司法效率。司法便民和司法效率一直以来都是审判信息化改革的重要价值追求，甚至被认为可以通过技术推动“司法流程再造”，[③] 以节约司法成本，解决基层法院案多人少的司法问题。目前，无论是审查起诉、证据移送、庭审等传统诉讼环节，还是速裁案件、认罪认罚从宽案件等以“速审权”为导向的司法程序，[④] 都开始尝试使用信息化技术来实现司法效率的提高。郭烁教授就认为，在互联网时代，人们对于司法公正的内涵已经越发复杂化、多元化，但是，在“公正与效率”的双重价值追求之下，人们已经不再单一地追求实体公正，而需要“快速地实现”这种“大部分社会成员所认可的正义”。这其中既包含了对审判效率的追求，也暗含了对于这种快速审判体系之下“正义质量”的关注。[⑤] 该观点在学界得到了认同，学者们对于信息化之下司法效率功能的讨论，也集中在“快而不准”“快而不全”“快而无据”等因为实现司法效率而影响“正义质量”的具体问题。

---

① 参见龙宗智：《“内忧外患”中的审判公开——主要从刑事诉讼的视角分析》，载《当代法学》2013 年第 6 期。

② 参见孟祥：《信息时代司法公开的认识与实践》，载《法律适用》2015 年第 9 期。

③ 参见陈国猛：《互联网时代资讯科技的应用与司法流程再造——以浙江省法院的实践为例》，载《法律适用》2017 年第 21 期。

④ 中国并无法定的“速审权”，本书以美国 right to speedy trial 为基础，描述速裁案件、认罪认罚从宽案件等案件提高司法效率的隐形的权利基础。

⑤ 参见郭烁：《司法过程的信息化应对——互联网时代法院建设的初步研究》，载《暨南学报（哲学社会科学版）》2017 年第 10 期。

司法效率的第一个问题是"快而不准"。学者们认为，审判信息化助力于司法效率的提升，多以司法大数据技术为依托，但由此产生的结果可能不够准确。季卫东教授指出，人工智能辅助下的司法实践具有高效性，但这种试点还不能完整地模拟出司法过程。① 栗峥教授指出，对于法官心证和裁量等更为复杂的司法环节而言，可计算性和复杂性是两大重要难题。② 左卫民教授亦认为，虽然目前的人工智能在司法实践中的应用取得了一定的成果，但这些成果只能充当辅助角色，因为其仅在小范围发挥功效，置于整个司法环境之下则并非具有最佳的准确性。基于此，他认为，在研究的过程中需要循序渐进，不能陷入盲目的期待之中，需要结合司法实践的具体需求展开具体研究，要在法学理论的范畴内对此掌握研究话语权。③

司法效率的第二个问题是"快而不全"。有学者指出，在当前司法改革的情境下，对于审判的信息化改革，如果只将司法功能聚焦在司法效率至上，那么将无法体现这一改革的体系性。提高司法效率只是本轮信息化改革的一个手段，更重要的目的是整合法院审判资源，借助当事人与法院之间的合力来推动司法进程，进而实现一种当事人与法院之间的协同司法。④ 与此相类似的，有学者以杭州互联网法院为例，提出了当前学界过分渲染审判信息化建设的司法效率功能，而遮蔽了这一制度创新的突破意义——从作用范围层面而言，目前信息化审判的管辖范围尚未经过充分的论证，只是单纯地追求司法效率而忽视了技术应用的恰当性和准确性。⑤ 根据这些学者的研究，未来需要在信息化审判的具体适用情景、适用方法、适用规则等内容上作出更为精细的讨论，对于整

① 参见季卫东：《人工智能时代的司法权之变》，载《东方法学》2018 年第 1 期。

② 参见栗峥：《人工智能与事实认定》，载《法学研究》2020 年第 1 期。

③ 参见左卫民：《从通用化走向专门化：反思中国司法人工智能的运用》，载《法学论坛》2020 年第 2 期。

④ 参见王福华：《电子法院：由内部到外部的构建》，载《当代法学》2016 年第 5 期。

⑤ 参见李怀胜等：《杭州互联网法院的历史意义、司法责任与时代使命》，载《比较法研究》2018 年第 3 期。

个改革进程而言，不能陷入“快而不全”的仓促之中。

司法效率的第三个问题是“快而无据”。有学者认为，在国家政策的引导下，众多地方法院作为试点单位进行了信息化技术的改革，并且在司法程序中也进行了应用，但是，许多新技术的适用并无法律依据，合法性问题受到挑战。根据该学者的梳理，目前为提高司法效率而使用的信息化技术，只存在三个层面的法规赋权：全国人大常委会的授权、最高人民法院制定的规范性文件、地方各级人民法院自行制定的规范，这三种赋权模式存在效力层次较低的问题，引发了一些司法难题：一是对于诉讼制度没有规定的领域，一旦缺乏人大及其常委会赋权，即便是制定新的制度予以配套，也当然无效；二是对于与原先诉讼制度冲突的领域，没有人大及其常委会赋权下的制度生成，效力不足。[①] 所以，低层次的规范赋权虽然可以在较小的范围内推动信息化试点，但无法对判决生成的有效性或合法性进行有力的保障，目前很多地方性试点都可能陷入“快而无据”的尴尬境地。

其三，司法公正。早在“技术推动学术”的第一段研究高峰时期，就有学者提出，专家系统、电子法官等机器断案系统可以替代法官的人工作业，进而实现实体层面的司法公正。随着新一轮审判信息化改革的推进，利用大数据、人工智能的智能裁判系统，也被学界在实现司法公正的功能上寄托厚望。[②] 但是，除了对通过“类案推送”“辅助量刑”“偏离预警”等功能的重复性介绍外，[③] 由于相关技术应用还较少，学界也受制于这些新型技术在司法能力上的不足，[④] 除了从理论上对司法

---

① 参见侯学宾：《我国电子诉讼的实践发展与立法应对》，载《当代法学》2016 年第 5 期。

② 参见冯姣、胡铭：《智慧司法：实现司法公正的新路径及其局限》，载《浙江社会科学》2018 年第 6 期。

③ 相关功能的具体介绍可参见王禄生：《司法大数据与人工智能开发的技术障碍》，载《中国法律评论》2018 年第 2 期。

④ 参见汤维建：《“智慧法院”让司法更公正、更高效》，载《人民论坛》2017 年第 4 期。

大数据等技术进行批判性观察外，[①] 几乎只能对此提出一些原则性内容，大致有两方面的观点。钱大军教授指出，智能裁判等系统的诞生触发于市场和国家公权力的双重驱动，市场的驱动力在于智能裁判系统的经济利益，而国家公权的驱动力在于解决司法公正的问题，虽然二者的合力可以使裁判系统得以被更高效地研发试用，但也会因为利益群体的纠葛而令改革目的混同，进而消解司法改革的本意，因此，他认为，在智能裁判系统的研发试点过程中，“必须以促进与推动司法体制改革为原则”，服务于司法体制改革。[②] 周佑勇教授也提出，目前的司法信息化技术在阶段定位、场景设置、区域协同、智能技术等方面存在很大的问题，从法学角度而言，虽然可以通过生成新的诉讼环境来尽可能地解决这些问题，以实现司法公正的功能，但不能因此而规避“遵从传统”的司法先例，需要在制度框架下进行“合理的突破”。[③] 与以上两位学者较为保守的态度有所差异，马长山教授则认为，在信息化改革的驱动下，以实现司法公正为导向的相关技术将会引发深度的法律变革，这是因为，信息化技术会引发新的法律价值（正义观），也会在根本上重塑权利与义务、权利与权力的结构性关系，甚至在因果关系等法律行为上也会产生更为深刻的变革，所以法律需要接纳并对这些技术的发展作出调整。[④] 张吉豫教授亦持有类似观点，认为现阶段相关技术处于高速发展的阶段，但责任界定、政府管制等方面相对滞后，需要法律制度创新来为技术进步创造良性环境。[⑤] 不难看出，对于实现司法公正，尤其是

---

① 关于司法大数据、人工智能的具体批判性观察，将在第四章进行具体综述，本部分仅从整体上介绍信息化审判的研究脉络。

② 参见钱大军：《司法人工智能的中国进程：功能替代与结构强化》，载《法学评论》2018 年第 5 期。

③ 参见周佑勇：《智能技术驱动下的诉讼服务问题及其应对之策》，载《东方法学》2019 年第 5 期。

④ 参见马长山：《智能互联网时代的法律变革》，载《法学研究》2018 年第 4 期。

⑤ 参见张吉豫：《人工智能良性创新发展的法制构建思考》，载《中国法律评论》2018 年第 2 期。

实体层面的公正，学者们虽然都接纳了技术在司法中的应用与发展，但有两种观点：一种观点认为，需要在现有的制度框架内运用这些技术，另一种观点认为，可以令技术突破法律，由技术引发法律转型。

（三）研究述评

从我国关于审判信息化的研究来看，在近40年的研究中，既有学术研究的高峰时期，也有相对冷清的研究阶段，技术和政策构成了影响研究“热度”的两个重要因素，这也是信息化建设过程中所面临的两大重要主题。审判的信息化研究聚焦于技术所引发的司法问题，并在技术可行的框架内作出了回应。无论何种回应方式，都将司法政策作为依据，这种价值判断标准紧随司法体制改革的大背景、大趋势，产出了许多优秀的学术作品。但是，仍然存在一些不足，尤其是缺乏对信息化改革作为具体改革措施的微观透视和对整个改革进程的宏观研究。

其一，对于信息化改革的具体内容缺少精细化探讨，停留在宏观的原则性论理。不管是从何种司法价值入手，学者们都试图用一种带有普适性的评价体系来对信息化改革的内容作出衡量。但实践中，诉讼制度本身就在朝着“精细化”的方向运作，① 不同的纠纷有着不同的特征，需要作出不同的处理。可以说，目前关于审判信息化多以宏观的讨论为主，对于具体的应用内容缺少细致的梳理。学界对“智慧法院”等概念赋予了无限的想象，但其内涵则极为模糊，界定标准亦不够清晰，在这些问题的影响下，精细化的探讨便无从着手，导致对审判信息化改革的具体内容缺少深入探讨。

其二，对于不同的信息化改革，适用的条件和内容缺少论证。绝大多数关于审判信息化的研究默认了那些技术可以普遍地应用于所有诉讼活动。但信息化改革有特定的属性，不同的技术也存在特定的优势与缺

---

① 参见谢鹏程：《努力实现从粗放式司法向精细化司法的转变》，载《人民论坛》2016年第10期。

陷，并不是所有的诉讼类型和诉讼阶段都可以接纳这些技术。对这种无差别的认识瑕疵已在一些研究中得以修正。例如，在特定的司法价值之下，学者们往往会对不同的信息化改革作出差异化评价，这些评价的差异性并非源于对司法价值的解读误差，而是研究对象有所差异——不同的信息化技术有着不同的价值取向，在具体的应用过程中自然也会产生差别。因此，在探讨信息化技术的应用过程中，对其适用的具体条件和个性差异也应当进行梳理和判断。

其三，从研究方法来讲，技术理论和法学理论的结合程度有所欠缺。虽然，有学者曾提出司法信息化的建设需要依靠既懂“法”又懂“技术”的“复合型通才”,[①] 但在当下的研究中，学者们大多是法学专业出身，极少数具备技术背景，这就需要研究者在研究前期就对技术问题进行学习，这样才可以将技术理论与法学理论相结合。从已有的研究成果来看，更多的只是从技术困境的角度对信息化审判的构建过程进行评价，而很少从技术原理的角度对技术和司法的双重价值差异作出分析，这需要在后续的研究中进行改善。

三、研究角度

在政治学中，通常认为，现代化与制度化是一个双向互动的过程，现代化令社会需求产生新的变化，并由此推动社会新秩序的形成，即制度化。[②] 当前，现代化已经成为社会发展的代名词,[③] 审判的信息化改革作为法治社会的一项发展内容，也与制度化有着极为密切的关联。因而，对审判的信息化改革进行研究，除了制度化的检视，还需要对社会

---

① 参见李亢：《人工智能背景下的就业现状与对策》，载《中国法律评论》2018 年第 2 期。

② 参见［美］塞缪尔·亨廷顿：《变革社会中的政治秩序》，李盛平、杨玉生等译，华夏出版社 1988 年版，第 8 页。

③ 参见燕继荣：《社会变迁与社会治理——社会治理的理论解释》，载《北京大学学报（哲学社会科学版）》2017 年第 5 期。

发展的基础作出分析。

从已有的研究来看，审判信息化改革具有极为广泛的内涵，既可以具体到远程网络视频、庭审语音识别等精细的技术，也可以抽象到人工智能、区块链等广义上的科技手段，审判信息化建设的实践在当下已经具有全面性、多样化的特征。从研究的角度而言，全景式的列举固然重要，但本书更希望将研究聚焦于具有典型意义的几类实践之中，而有别于过去“普及式”的研究，通过“从特殊到一般”的研究思维，以具体应用场景为基础，对这些技术的运行机制作出评价，即对其制度化的可能性和有效性进行价值判断。

根据信息能力的内涵，信息将经历“信息收集”“信息传递”“信息利用”等多个环节，对信息能力的评价也多从这些环节入手进行观察。①因而，对审判信息化的研究也可以以此作为实践研究的逻辑基础。

首先，对于案件信息的收集环节，审判活动中最典型的便是庭审过程。庭审的主要功能在于辩明事实，尤其是在对抗式的庭审中，举证和质证环节通过对证据的展示和辩论，尽可能地还原事实真相。法官作为庭审的亲历者，可通过这种庭审活动来获取案件的相关信息。而远程视频审判是目前庭审中应用最多的信息化技术之一，本书以其作为信息收集环节的审判信息化内容进行研究和评述。

其次，在信息技术中，“信息传递”也是一项重要的内容。顾名思义，信息传递是指将有关信息在不同主体或不同区块间进行传递的过程。在诉讼活动中，尤其是刑事诉讼中，信息传递尤为重要。在刑事司法中，案情信息传递主要包括两大类，其一是公、检、法各个部门之间的信息传递，其二是庭审与裁判之间的信息传递。在我国的司法体系下，无论是各个司法机关之间，还是法院内部，都习惯于通过卷宗的方

---

① See T. Rojas & M. Perez, *Determination of Factors That Affect the Process Effectiveness In the Development of Information Systems.* Polymers for Advanced Technologies Vol. 24: 2, p. 168 – 173 (1997).

式进行信息传递。因此，在研究审判信息化的“信息传递”环节时，将以其重要载体“电子卷宗”作为研究对象，以探寻我国审判信息化的“信息传递”环节的现状与问题。

最后，除了信息收集与信息传递，信息技术的最终目的还在于“信息利用”。对应于刑事司法的过程，在案情查明和传递后，法院最终将以裁判的形式对案件作出判决。所以，利用审判信息化中的“信息利用”，即“判”的信息化。在信息化未进入裁判环节时，法官对其所得到的案情信息，多以心证的方式进行判断，进而以此为据，作出判决。而在信息技术引入之后，裁判环节已经开始从法官心证向机器处理的方向发展，以智能裁判系统为代表的信息利用技术正在悄然影响裁判环节，本书以其作为观察的入口，对审判信息化过程中的信息利用环节进行研究。

远程审判、电子卷宗、智能裁判对应于案件信息收集、信息传递、信息利用三个信息环节，基本涵盖了审判信息化中的核心部分。虽然，审判的信息化改革具有浓重的技术色彩，进行审判信息化的研究亦需要了解相关技术的主要原理，但这并不能成为本书的主要研究内容。笔者还是从法学研究的规制视角，对这一改革的内容作出评述。首先，就研究现状而言，从规制视角对信息化建设的研究尚有不足，尤其是价值判断层面还需要更加细致地进行。其次，在我国现有的改革框架之下，多以技术为出发点，技术的可行性成为审判信息化改革的重要前提，但对司法可行性的讨论尤为不足。再次，规制的视角聚焦于社会秩序和权利本位，可以更为思辨地发现试点过程中所存在的问题。最后，审判的信息化改革本就属于法学范畴内的一个话题，技术只能作为实现司法功能的手段，而非目的，对于这一改革的讨论也理应置于法学的框架内进行。当然，以规制作为单一视角无疑会令研究视角过于狭隘，由于司法改革作为社会秩序的影响力的一部分，本书也将适当地引入社会秩序的相关视角对改革的全局性进行观察。

第一章　刑事审判信息化的基础理论

第一节　信息化的概念

一、信息技术的内涵

“信息技术”一词由英语“Information Technology”（IT）直译而来，该词汇最早于1958年由Harold J. Leavitt与Thomas L. Whisler在《哈佛商业评论》中使用。他们认为，信息应当包括处理技术、统计和数学方法在决策中的应用、计算机程序模拟高阶思维。[①] 随着信息技术的不断发展，该词汇一直被沿用至今，人们也对信息技术的内涵进行了较为一致的定义。在牛津大学出版社2009年出版的《物理词典》中，信息技术被定义为一种使用计算机存储、检索、传送和操作数据的技术。[②] 其他学术论文中对于信息技术的定义也多与此相类似。与信息技术（IT）并列的，是“信息与通讯技术”（Information and Communications Technology，ICT），该表述在欧洲和发展中国家使用居多，虽然字意上较“信息技术”多了一重“通信技术”的含义，但信息技术一词本身就包含了信息的传送和交互，ICT一词的用法仅在于提示人们注意

---

① “The new technology does not yet have a single established name. We shall call it information technology（IT）.” See Leavitt et al.，*Management in the* 1980*s*，Harvard Business Review，p. 11.

② “Information technology（IT）is the use of computers to store，retrieve，transmit，and manipulate data.” See Daintith & John，*IT*，A Dictionary of Physics，Oxford University Press，2009.

在发展中国家现代通信技术的重要性。[①] 从概念上来讲，该词汇与信息技术属于同一词汇，所指的也都是一种以计算机和微电子技术为依托的技术。

虽然，学理层面对信息技术有着较为清晰的标准，但是，在现代社会的具体应用中，“信息技术”一词有着更庞大、更模糊的定义。一般地，信息技术通常是指计算机和计算机网络的同义词，但如今也被人们广泛地用于指代以电子方式生成、存储、处理和/或分发信息的任何技术，包括电视和电话。[②] 有研究人员将这种广义信息技术分为“现代信息技术”与“传统信息技术”，以是否使用计算机和微电子技术为标准，电话、电报、传真机等被划入传统信息技术的范畴，远程网络、计算机软件等被划入现代信息技术的范畴。这种划分的意义在于提示我们，虽然在学理层面信息技术需要以计算机和微电子技术为基础，但是在现实社会的应用中，人们习惯性地将所有电子化的交互技术都归于信息技术范畴。在考虑信息技术词汇在社会生活中的演化时，不能仅从学理与科技层面作出理解，也需要置于具体语境中考虑其是否为一种广义上的信息技术。

二、信息化的词源与词义

（一）词源：对未来社会的描述

20 世纪 60 年代，随着信息技术由西方传入，日本学者发明了“信息社会”和“信息化”二词，并通过翻译成英语而逐渐为世界所

---

① 参见周宏仁：《信息化概论》，电子工业出版社 2009 年版，第 21 页。

② “Commonly a synonym for computers and computer networks but more broadly designating any technology that is used to generate, store, process, and/or distribute information electronically, including television and telephone.” See Chandler et al., *Information technology*, A Dictionary of Media and Communication (first ed.), Oxford University Press, 2011.

接受，[①] 这也是当前公认的“信息化”的词源。1963 年，日本学者梅棹忠夫（Tadao Umesao）在《论信息产业》一文中提出，随着信息技术的不断发展，未来的社会将会建成一个“信息产业高度发达并占有主导地位”的信息社会。基于此，1967 年，日本科学技术和经济研究团体发明了一个与“产业化”的意义相类似的词汇——“信息化”，用于描述向信息社会进行演化的过程。同年，日本学者 Hayashi 赋予了这种演化过程以特定内涵——信息化是从有形的物质产品创造价值的社会向无形的信息创造价值的阶段的转变。

有关信息社会与信息化的预测在当时的日本得到了民众与政界的广泛关注，并直接促进了日本实质意义上的信息化进程。[②] 但是，“信息化”的理念被西方社会重视则是在近 10 年后。1978 年，法国学者西蒙·诺拉、阿兰·孟克的著作《社会的信息化》出版，首次向西方社会介绍了日本学者关于信息社会与信息化的研究情况，这也是西方首次使用“L’ Informatisation”一词，并在后来被译为英语“informatization”，[③] 延续至今，成为目前国际上通用的“信息化”一词。可见，“信息化”一词最初是从“社会产业结构演进的角度提出的”，[④] 其本质仅在于揭示社会发展过程中信息技术产业将会逐渐反超物质生产，而居于主要地位。

① 参见［日］伊藤阳一：《日本信息化概念与历史研究》，载李京文等主编：《信息化与经济发展》，社会科学文献出版社 1994 年版。1993 年，中国社会科学院与 21 世纪电讯、经济与信息合作国际组织（TIDE. 2000）在北京联合召开“信息化与经济发展”国际研讨会，该书收录了此次研讨会的会议论文。

② 参见［日］小松崎清介等：《信息化的由来及其经济含义》，载李京文等主编：《信息化与经济发展》，社会科学文献出版社 1994 年版。

③ 也有中国学者指出，该法语词汇也演化为英式英语“informatisation”以及“informationalization”和“informationization”，但与美国当地学者的交流中考证，这三种用法多为“informatization”的非正式使用，目前英语中“信息化”的标准表达仅为“informatization”。

④ 汪向东：《信息化：中国 21 世纪的选择》，社会科学文献出版社 1998 年版，第 4 页。

（二）词义：以社会发展为标尺

20 世纪 90 年代，“信息化”一词开始在我国得到关注，并且中国社科院等单位联合主办的“信息化与经济发展国际研讨会”对信息化的具体内涵进行了广泛的讨论。该会议共产生了五种信息化词义的观点，这也是我国引入信息化概念初期的研究内容。归纳而言，存在三种类型的学说，即科学技术说、信息交互说和社会发展说。

其一，科学技术说。该学说认为，信息化的本质是科学技术的现代化，包括两种观点。观点一认为，信息化是指通讯现代化、计算机化和行为合理性的总称。[①] 在此观点下，计算机在人类社会活动中的应用、普及程度，是衡量信息化的一个重要标准。观点二则认为，除了计算机现代化，还要求具备通信现代化、网络技术现代化，才能构成信息化。除了观点一对计算机普及程度的考量外，观点二还强调通信、网络等社会信息交互技术在信息化中的重要性。

其二，信息交互说。该学说是对科学技术说的综合和演变，认为科技现代化只是一种信息交互的载体，信息化的判断标准应当以无形的信息交互为标准，具体包括两种观点。观点一认为，信息技术的趋同在计算机、电信和网络工业中的发展，即开关和发送的数字化、计算机通信和网络管理技术的发展、网络智能的分散化以及以计算机为基础的具有高附加价值的电信和信息服务，是信息化的主要内容。其认为，计算机、网络、通信的信息技术都关涉信息化的发展，但更重要的是信息化可以使这三个层面的技术得到“趋同”，使之形成一个统一的工业标准和管制体系。观点二认为，信息化是一个对信息技术认同度、信息产业发展程度共同提升的过程，只有建立了有信息服务业和信息咨询服务体系的信息环境，才能形成信息化环境。

---

① 行为合理性是指社会活动中的信息交流基于现代通信技术进行的过程。

其三，社会发展说。该学说从信息化构建之初的词源着手，认为无论是科学技术的现代化，还是信息交互的提升，最终都只是实现信息社会的手段。该学说认为，信息社会是信息产业高度发达且在产业结构中占据优势的社会，信息化是向着这个社会形态变化的过程，信息化已经超越了科学技术和信息交互这两个微观领域，需要从社会的全局进行审视。

这些观点形成于我国20世纪末，随着信息技术的不断发展与完善，信息化的词义也得到了发展。目前关于信息化的概念理解，主要以社会发展说为基础，对上述的三种学说进行了调和。联合国教科文组织在1998年就对信息化的本质是“社会发展”进行了定义，其认为，信息化不仅是技术的进程，也是社会的进程，它要求在生产过程中，对产品或服务的管理流程、组织机构、生产技术和生产工具进行改革。[①] 在我国的学术层面，学者也大多认同信息化的社会发展属性。本书选取了几例具有较高学术认可度的论述。例如，怀铁铮认为，信息化是由信息技术革命引发并推动的经济发展和社会进步，以及劳动者自身解放的过程，是由传统的工业社会向信息社会演进的过程。[②] 周宏仁认为，信息化是由信息革命引起的一个社会经济变革的过程。[③] 俞立平认为，信息化是个动态过程，其表现为国民经济从工业经济向信息经济的演进，社会从工业社会向信息社会演进。[④] 我国亦对信息化的社会发展属性进行了正式确认。在《2006—2020年国家信息化发展战略》中，信息化被表述为“信息化是充分利用信息技术，开发利用信息资源，促进信息交流和知识共享，提高经济增长质量，推动经济社会发展转型的历史进

① See Robin Toffler & Uta When, *Knowledge Societies: Information Technology for Sustainable Development*, Oxford University Press, 1998.

② 怀铁铮：《信息化：中国的出路与对策》，机械工业出版社2006年版，第6页。

③ 周宏仁：《信息化概论》，电子工业出版社2009年版，第71页。

④ 俞立平等：《工业化与信息化互动关系的实证研究》，载《中国软科学》2009年第1期。

程”。可见，目前对“信息化”一词的词义的共识已几乎达成，即信息化虽然以信息技术为推动，并重点表现在信息交互领域，但其实质还是一种社会的演变过程。

对于信息化含义的共识，可以为我们研究“信息化”提供一个基准与视角。首先，信息化立足于信息，在于信息的发生、传递与交互，单一体系内部的电子化、计算机化无法构成信息化的内在要求。其次，信息化由信息技术的推动而来，但已不再局限于信息技术领域内部。人们对信息化的共识早已超越了简单的计算机化、电子化，也不再仅局限于网络化、智能化，而是一种建立在社会认可基础之上的技术联动，并辅之以相应的标准和配套制度，涉及社会的整体发展。因而，对于信息化的研究也需要置于整个社会进程的发展之中。最后，信息化不是一个无意识的自然演变，其过程具有目的性，信息社会是信息化的演进目的，信息社会的具体构成引导着信息化的发展。信息化绝非一种想象意义上的盲动，而是具有参照与标度的。

第二节　刑事审判信息化的概念

一、审判信息化的内涵

关于何谓审判，古今中外的学者对此有不同的界定。如日本学者棚濑孝雄认为，围绕对立的主张和论点进行争议的当事者中间存在一个具有权威的第三者，通过这样的三方相互作用把当事者争论引导收敛到一个能合理解决争论的社会机制上，这个机制就是审判。[①] 在我国，一般认为审判是指原告、被告或控辩双方在法庭上各自提出自己的主张和证

---

① 参见［日］棚濑孝雄：《纠纷的解决与审判制度》，王亚新译，中国政法大学出版社1994年版，第256页。

据并进行辩论，法官站在第三方的地位上，基于国家权力依法进行审理并作出裁判的一种活动。[①] 从审判体系与审判能力的内涵来看，审判体系就是四级法院的立案、审判、执行、司法政务以及案件管辖、审级监督、职能定位等一系列制度机制和工作安排，是一套相互协调、相辅相成的工作体系。审判能力则是运用程序法和实体法审判执行案件、惩处违法犯罪、化解社会矛盾、维护公平正义、推进法治建设等各方面的能力水平。[②]

但是，何谓审判的信息化尚未形成通说。根据《人民法院组织法》第 58 条的规定，“人民法院应当加强信息化建设，运用现代信息技术，促进司法公开，提高工作效率”。可见，虽然审判的信息化未存在法定的概念界定，但大体是指运用现代信息技术的一种审判技术改革，其功能定位主要在于提高司法效率与提升司法透明度，实体正义的提升并未在《人民法院组织法》中得到体现。作为 2018 年《人民法院组织法》修订时的产物，上述第 58 条的规定既被视为对大数据、云计算等新技术司法应用的回应，[③] 亦反映了目前立法层面对审判信息化的主要立场——审判信息化在当前阶段更多地服务于司法效率、司法公开等程序面上的司法问题，而对于实体面上的问题，在不影响实体正义的基础上，无须承担过多的改革负担与使命。

对于审判信息化，目前很少能在我国的学术论文中得到确切的定义。一方面，这是国际普遍存在的困境。由于信息化时代的晚至，从全球范围来看，即便是法治已经非常发达或健全的国家，信息化的司法形态也没有大致地构建完成，都只是在尝试着将信息化元素融入具体的司

① 参见陈光中主编：《刑事诉讼法》，北京大学出版社 2021 年版，第 357 页。

② 参见周强：《以习近平总书记系列重要讲话精神为指导全面推进审判体系和审判能力现代化》，载《法律适用》2016 年第 7 期。

③ 参见姜启波等：《人民法院组织法修改的解读》，载《人民司法》2019 年第 1 期。

法举措之中。[1] 另一方面，这是司法领域本身所存在的现状。有学者曾指出，虽然我国各地法院在司法信息化建设上有所提升，硬件设施和软件工程的信息化建设都已基本完成，但是相较于其他行业，我国司法审判领域对于互联网的运用程度仍然是落后的。[2] 因此，很少能够全面而具体地赋予审判信息化一个成熟的概念界定。例如，有研究认为，审判的信息化不仅包括构建信息化业务流程体系，实现审判业务、审判管理的网上办理，还需要以大数据、人工智能、互联网三者为核心，与司法运行机制进行深度融合。[3] 也有研究较为敏锐地提出，审判信息化是对司法活动方方面面的渗透，使司法活动不再是绝对封闭的场域，并且，这种过程将随着科技的进步而继续发展，对其内涵的界定只能从当下的视角作出归纳。在其看来，审判的信息化是一种发展态势，包括庭审传播方式的多元化、庭审审理活动的虚拟化、证据形式与运用的电子化等内容。[4] 大体而言，学界对于审判信息化的具体定义持较为审慎的态度，未对此作出精确的定义和限定。

在官方机构的研究与讨论中，同样未对“审判信息化”进行专门的规定，但是我们可以从法院信息化、智慧法院等相关词条的含义中引申出审判信息化的概念构成。在《中国法院信息化第三方评估报告》中，法院信息化被定义为“人民法院利用信息技术，开发应用各类信息系统，收集、处理、保存、共享、运用法院在审判工作过程中产生的各类信息，对外增强司法透明度、落实司法为民宗旨，对内规范司法权力运行，提高法院各项工作质效，以实现提升司法公信力、维护司法公正

---

① 参见左卫民：《信息化与我国司法——基于四川省各级人民法院审判管理创新的解读》，载《清华法学》2011 年第 4 期。

② 参见郭烁：《司法过程的信息化应对——互联网时代法院建设的初步研究》，载《暨南学报（哲学社会科学版）》2017 年第 10 期。

③ 参见杨临萍主编：《司法体制改革与智慧法院的实践与探索》，法律出版社 2019 年版，第 3 页。

④ 参见梁坤主编：《信息化时代庭审方式变迁的实证研究》，清华大学出版社 2018 年版，第 2-14 页。

目的的行为与过程”①。可以看出，对于法院信息化而言，信息技术是其基础，信息系统是其媒介，信息的收集、处理、保存和共享是其手段，司法透明、司法为民等是其价值目标。而在2017年颁布的《最高人民法院关于加快建设智慧法院的意见》中，智慧法院被定义为“人民法院充分利用先进信息化系统，支持全业务网上办理、全流程依法公开、全方位智能服务，实现公正司法、司法为民的组织、建设和运行形态”。其内涵与法院信息化大体一致，但落脚点有所差异，智慧法院既是一种“组织”，又是一种“建设和运行形态”，其中的“建设”属性使智慧法院具有一定的开放性和延续性。

所以，结合信息技术、信息化等概念，以及参照法院信息化、智慧法院的相关制度、学术和官方研究机构之表述，本书试图对审判信息化的特性作出描摹。其一，审判信息化以历史性作为特征。由于审判信息化极大地依赖于技术，技术发展会影响着审判信息化的内容。在不同的历史阶段，审判信息化有着不同的构成，例如，早在计算机尚未普及之时，审判信息化主要在于将计算机等电子设备应用于审判之中，而目前的审判信息化已告别了这一历史时期，其含义发生了明显的变化。大数据、网络化等新型技术的应用既是当前的社会特征，也构成了审判信息化的重要内容。

其二，审判信息化具有工具属性。一方面，借助审判信息化可以实现许多司法目标。从《人民法院组织法》的修改过程不难看出，当前阶段审判信息化的主要功能聚焦于实现司法程序层面，包括司法公开与司法效率两个维度。另一方面，审判信息化在司法体系中居于工具地位，脱离司法系统的审判信息化不具备独立价值。审判信息化系统的权威效力源于人们对司法系统的信赖，一旦脱离了司法系统，不具备司法效果的审判系统也就很难拥有使用价值。

---

① 中国社会科学院法学研究所国家法治指数研究中心、法治指数创新工程项目组：《中国法院信息化第三方评估报告》，中国社会科学出版社2016年版，第1页。

其三，审判信息化以合意性作为基础。后现代主义法学认为，法律的解释和推理过程并不具有唯一解，司法过程也就无法对此建立一个唯一且生硬的标准来规制所有司法过程。[①] 现代司法规则在建立时也承认了这种法律的复杂性，进而在程序和实体层面构建诸如自由裁量权等内容的适当个性空间，将“法律的确定性与投票多数决定的方式相结合”，[②] 既保留了司法主观性的特征，又不至于损害司法规约的既定力。如前文所述，我国司法改革进程下的智慧法院，就将这种民众合意和开放性作为基础。但是与立法思路所不同的是，审判的信息化依赖信息技术，信息技术的基础又在于精确的客观化。一旦以信息技术作为司法的基础，就需要司法过程完全地适用同一套标准，而无法引入法庭辩论等可以将主观因素进行呈现的具体场景。所以，为了保证审判信息化的过程与结论不至于与传统审判结论大相径庭，只能以大众的重叠合意替代更为复杂的法律理性，将社会共识和合意作为其判断的价值依据。从概率论的角度而言，这种判断依据将在实现过程和实现结果上具有优势，可以有效地矫正个体偏误。虽然在避免个体偏误的同时，也容易造成个性空间的灭失，但从当前的技术水平以及信息化在审判过程中居于次席的地位而言，这种合意性可以调和法律解释的主观性与法律判断的客观性之间的矛盾，也可以弥合现阶段科学技术对于法庭辩论等社会沟通活动的模拟困境，[③] 构成吸收信息化技术后的审判的一种特性。

---

① 参见朱景文主编：《当代西方后现代法学》，法律出版社2002年版，第21页。

② 参见季卫东：《人工智能时代的法律议论》，载《法学研究》2019年第6期。

③ 例如，在《未来简史》中，作者就曾担心一旦将人工智能等信息化技术作为人类社会的运行基础，就会产生算法独裁——由算法制定者完全垄断社会的运行过程（包括司法过程），进而导致司法权等权力的运行过程被不断聚集到某一个特定阶层（算法与机器的控制者）之中，该阶层有了高度凝聚的社会权力后，不再需要通过法庭辩论等沟通方式就可以作出价值判断。

二、审判信息化与相关概念辨析

（一）审判信息化与电子诉讼

意大利学者 Francesco Contini 和 Giovan Francesco Lanzara 将电子诉讼划分为内部电子法院（Internal e - Curia）和外部电子法院（External e - Curia）两部分，[①] 王福华教授以此为参照，将电子诉讼分为广义的电子诉讼与狭义的电子诉讼。[②] 根据意大利学者的分类，内部电子法院是指利用信息技术进行的自动化办公、人事管理、审判管理等的一种法院内部运作和管理活动，外部电子法院则是利用信息技术进行文书递交、卷宗下载、视频庭审等的诉讼活动。[③] 狭义的电子诉讼与外部电子法院对等，目前学界所讨论的电子诉讼也多为狭义的电子诉讼。从概念的外延而言，审判信息化涵盖的内容小于广义的电子诉讼，略大于狭义的电子诉讼。审判信息化不仅包括利用信息技术进行的各项诉讼活动，还包括利用信息技术进行的审判管理。因而，从电子诉讼的习惯性所指来看，审判信息化的外延应当稍大于电子诉讼，但二者的主要内容有所重叠，大体相当。而从概念的本质来看，电子诉讼指向的是一种诉讼形态，而审判信息化则是一种动态的改革形态，二者所处的语境有所差异。

（二）审判信息化与智慧法院

智慧法院是指将人工智能运用于证据收集、案例分析、法律文件阅读与分析之中，不仅包括审判环节的智能化，还包含执法等其他司法领

---

① See Francesco Contini & Giovan Francesco Lanzara, *The Circulation of Agency in E - Justice*, Springer, 2014, p. 225 - 226.

② 参见王福华：《电子诉讼制度构建的法律基础》，载《法学研究》2016 年第 6 期。

③ See Francesco Contini & Giovan Francesco Lanzara, *The Circulation of Agency in E - Justice*, Springer, 2014, p. 229.

域的智能化。[①] 概言之，法院的业务流程中使用智能化应用，即为智慧法院的范畴。相较于智慧法院的相关定义，审判信息化与之有交叉的部分，但又有所不同。其一，审判信息化以审判环节为主，法院业务流程中的其他内容并不完全在其范畴。其二，信息化包括电子化、网络化、智能化等内容，智慧法院中与审判相关的改革试点属于审判信息化的子内容，但审判的智能化又不只局限于此。例如，无论是公安机关、检察院还是法院的电子卷宗改革均与审判相关，属于审判信息化，但公安机关、检察院与法院为不同的机构，公检机关电子卷宗建设不纳入智慧法院的建设。因而，审判信息化与智慧法院既有内容交叉，又有所差异，二者在庭审相关的信息化建设中所指类似，但对于法院以外的审判环节和法院审判环节以外业务流程的信息化则并不重叠。

（三）审判信息化与互联网法院

即便目前在杭州、北京、广州三地已经设立了互联网法院，但是对于何为互联网法院，也很难对其进行精确且固定的定义。但根据《关于设立杭州互联网法院的方案》《最高人民法院关于互联网法院审理案件若干问题的规定》，以及目前三个互联网法院的实践运行，我们可以大致描绘出其概念——互联网法院是指依托互联网技术，采取线上方式审理涉网纠纷案件的专门法院，目前主要以民事案件和行政案件为主。与之相比，审判信息化所立足的技术构成要素要广泛于互联网法院。虽然，互联网法院在实际运行中也使用了区块链存证等现代科技，但其核心还是网络技术。互联网法院是审判信息化的产物，但并非唯一产物。一如审判信息化之于电子诉讼的关系一般，互联网法院是一种法院类型，而审判信息化是一种改革进程，二者所处的语境不同。

① 参见崔亚东：《人工智能与司法现代化》，上海人民出版社2019年版，第37－39页。

三、刑事审判信息化及其特殊性

从目前我国审判信息化的构建过程来看，其在民事诉讼、行政诉讼以及刑事诉讼中都有着不同的试点和应用。在技术层面，这些应用具有诸多共性，差异化程度较小。但是，从理论层面而言，刑事诉讼有着独特的价值取向和规范要求。相较于民事诉讼和行政诉讼，刑事司法的裁量结果——刑罚——更为严峻，其审判结果的误差也会对当事人产生更为深远的影响，误判会产生更大的风险，因而在诉讼过程中也应秉持更为严谨的国家追诉原则。而在审判信息化的构建过程中，刑事诉讼也同样具有不同于民事诉讼、行政诉讼领域的特征，其中，最为重要的有两个方面。

其一，刑事审判信息化的过程牵涉更多的司法部门和司法人员。相较于民事诉讼和行政诉讼，刑事诉讼由于大多为公诉案件，侦查、公诉等环节与审判活动息息相关，公安机关、检察院等其他司法机关会介入审判活动。尤其是在审判“信息获取”和“信息传递”的过程中，刑事审判信息化不仅需要将视野置于法院之中，还需要将其延伸至其他司法机关。

其二，受到刑事诉讼“排除合理怀疑”证明标准的调整，刑事审判信息化对案件“信息收集”、“信息传递”和“信息处理”环节的准确性有着更高的要求。在刑事司法中，较高的证明标准意味着审判过程精准化程度更高，在案情相关信息的收集时需要尽可能地还原案件事实，在案情信息的传递过程中也需要尽量避免毁损、灭失、篡改，给予案件裁判环节尽量多的相关信息。而裁判过程，也需要更为精准地分析和处理案件相关信息，以减少裁判结果的误差。

此外，三大诉讼法在具体的法律制度上本就存在差别，在管辖权、证明责任、公开审理的情形、适用简易程序的条件等一系列方面都存在差异，而审判信息化以相应的诉讼规则为基础，受到相应法规的调整，这些制度层面的区分也将影响刑事司法审判信息化的具体实践。

第三节　刑事审判信息化的历史沿革

有学者曾将我国的审判信息化改革划分为三个阶段，分别是以电子化为核心的第一阶段、以网络化为核心的第二阶段和以智能化为核心的第三阶段。[①] 从电子化、网络化到如今的智能化，中国审判活动中信息技术的参与度亦随之升高。这三个阶段总体上按照时间顺序进行演变，但是也有所穿插与重叠。

一、电子化阶段

1996年5月，“全国法院通信及计算机工作会议”召开，我国法院体系对审判的信息化改革由此拉开序幕。[②] 在当时，审判系统的信息化主要是通过在北京、上海、江苏、辽宁、河南、海南、广东、福建等八个高级人民法院及其辖区建立试点单位的方式，推进全国法院计算机系统的建设，并试点性地制定了《全国法院计算机信息网络系统建设规划》和《全国法院计算机信息网络建设管理暂行规定（试行）》。根据山东省诸城市人民法院2000年的工作总结，当时全国范围内的审判信息化主要在于对计算机的普及，法官通过计算机查阅相关法律法规，书记员通过计算机（微机）起草法律文件、进行庭审记录。[③] 在这一阶

① 参见刘艳红：《大数据时代审判体系和审判能力现代化的理论基础与实践展开》，载《安徽大学学报（哲学社会科学版）》2019年第3期。

② 参见《人民法院信息化由2.0版向3.0版迈进　“智慧法院”为司法事业插上腾飞翅膀》，载《法制日报》2016年4月13日，第3版。

③ 参见《借助科技强化管理 诸城法院计算机应用到位》，载《人民法院报》2000年6月16日，第2版。

段，也有法院开始搭建法院内部的局域网系统，[①] 在当时的技术环境下具有一定的前瞻性。这一阶段的信息化建设与之后的信息化建设具有明显的区别，具体在于，这一阶段法院的电子化是一种绝对的内部信息化建设，计算机仅作为法院内部办案的一种辅助性手段，且每一个电子化设备都相对独立，不发生交互。

除了计算机之外，在以电子化为主导的审判信息化阶段，证据形态和展示形式也产生了新的形态。在证据形态方面，电子证据开始得到运用。最初电子证据作为一项对电子商务交易的过程性证明引入我国。[②] 但由于这一阶段计算机开始在我国普及，人们利用计算机进行的日常交往已经不再局限于电子商务，电子化的证据材料在诉讼中开始得到适用。与此同步的，便是我国学者在 2001 年前后开始广泛地探讨电子证据的定位问题，并且在 2012 年形成通说，将“以电子形式存在的、用作证据使用的一切材料及其派生物”都定义为电子证据。[③] 虽然，目前电子证据尚不属于法定的证据种类，但是已经在司法实践中得到了大量的适用。而在证据展示形态上，播放视频证言也在法院审判电子化阶段开始得到实施。薄熙来案就是典型的当场播放证人录音录像的案件。可见，以电子化为主导的审判信息化不仅包括对计算机技术的普及和落实，也包括因为计算机在社会上的普及，而产生的证据形态、证据展示等方式的电子化。

事实上，以电子化为主的信息化建设在我国司法改革的历史上，并不具有明显的司法功能层面的目标。一方面，当时我国的信息技术领域整体处于起步阶段，技术尚不成熟，国内对于机关单位计算机的普及的主要目的在于完成“现代化”的任务，使审判过程与国际接轨。另一

---

① 参见《四川各级法院加强计算机网络建设》，载《人民法院报》2001 年 3 月 19 日，第 2 版。

② 参见蒋晓宁、叶澄清：《电子证据与反拒认协议》，载《通信学报》2000 年第 7 期。

③ 参见陈光中主编：《〈中华人民共和国刑事诉讼法〉修改条文释义与点评》，人民法院出版社 2012 年版，第 51 页。

方面，对于法院的审判体制而言，证据层面的电子化改革亦属于“被动式”的改革，原先法定的证据形态无法对案件事实作出证明，而这些电子化的交互记录却可以对此作出填补，也就逐渐地在司法实践中得到了默许和认可。因而，电子化的审判信息化改革最初是以一项政治任务进行落实的，并且在早期为配备计算机设备、学习计算机技术而投入了大量的人力与物力。而在后续，由于社会交互的电子化，电子化的审判信息化改革才逐渐被动地在证据层面显示出了重要性，但在整个司法体制的改革中依然只占据极小或是微不足道的篇幅。

二、网络化阶段

随着网络时代的来临，计算机在法院得到了全覆盖式的普及，家庭用户的比例也得到了极大的提高。2007 年，《最高人民法院关于全面加强人民法院信息化工作的决定》颁布实施，最高人民法院意图将信息化建设由过去以电子化设备建设为主的阶段推向以网络化为主的阶段，该决定也指出，人民法院需要硬件与软件相结合，从传统的数据库、服务器等硬件的投入，向多元化的网络连接、审判管理而转变。[①] 这一阶段，人民法院开始通过外网进行相关审判业务的应用，并且，借助互联技术以后，网络化的审判业务应用的社会影响力远超于传统法院旁听、法院公告栏公示等形式的传播力，“司法公开”也就成为这一阶段信息化建设的重要价值导向。这一阶段具有较大社会影响力的信息化建设主要包括三类。

其一，裁判文书网。2013 年，《最高人民法院裁判文书上网公布暂行办法》开始施行，最高人民法院首次集中式地将裁判文书公布在裁判文书网上。2014 年，《中共中央关于全面推进依法治国若干重大问题的决定》提出，“建立生效法律文书统一上网和公开查询制度”。2016 年，

---

① 参见中国社会科学院法学研究所国家法治指数研究中心、法治指数创新工程项目组：《中国法院信息化第三方评估报告》，中国社会科学出版社 2016 年版，第 3－4 页。

《最高人民法院关于人民法院在互联网公布裁判文书的规定》正式生效，根据该规定，除了涉及国家机密、未成年人犯罪、调解结案等不适合在互联网上公布的判决文书，其他裁判文书一律都需要在中国裁判文书网上进行公开。近年来，虽然关于裁判文书网收录案例的时效、数量等问题被广泛关注和讨论，但在2024年1月全国高级法院院长会议上，最高人民法院院长提出加大裁判文书上网的力度，宣告了此项信息化建设将持续发展。[①] 截至2024年1月23日，中国裁判文书网累计收录文书约1.43亿篇，致力于推动审判标尺统一、司法监督等功能的实现。[②]

其二，网络庭审直播。中国的网络庭审经历了从图文模式向视频模式的演变，也被赋予了宣传法制教育、提高司法透明度的重任。[③] 其中，图文模式兴起于21世纪初。2003年，中国法院网就开始以文字和图片的形式向社会推送部分案件的审判过程。而大约在2008年后，视频模式就开始在地方进行了试点。例如，2009年，上海市人民检察院就和东方网联合进行了一起贩卖毒品案件的庭审直播，并通过邀请嘉宾的形式，向网友普及庭审过程中的一些专业化问题。[④] 目前，各省级人民法院都已建立视频直播平台，且由于接受了社会大众的监督，直播发挥了对庭审秩序的规范作用。例如，在安徽省淮南市大通区人民法院审理的一起贿赂案件中，位于旁听席的该法院副院长通过法警向合议庭传递纸条，随后，合议庭在尚未完成身份核验的情况下，不顾现场引发的

---

① 参见《2024年法院工作怎么干?》，载中国法院网，https://www.chinacourt.org/article/detail/2024/01/id/7765827.shtml。

② 在中国裁判文书网设立初期，最高人民法院审判管理办公室负责人就裁判文书上网答记者问时就表示，中国裁判文书网的设立，其目的在于指导相似案件的审判，并且通过公开裁判文书的形式，接受社会监督，提高司法透明度和司法公信力。参见《积极回应社会关切 主动接受社会监督——最高人民法院审判管理办公室负责人就裁判文书上网答记者问》，载中国法院网2013年7月3日，https://www.chinacourt.org/article/detail/2013/07/id/1020571.shtml。

③ 参见胡铭、[美] 梁斌：《网络庭审直播视野中的刑事审判——基于问卷调查的实证分析》，载《浙江大学学报（人文社会科学版）》2011年第4期。

④ 参见蒋爱山：《东方网"检察官在线"网络庭审直播开播》，载《检察风云》2009年第15期。

异议，而直接宣布了延期审理。[①] 该案件由于进行了网络庭审，该法院副院长传递纸条的行为引发了广泛争议，庭审直播对于法庭秩序的约束力也正在因此不断形成。

其三，利用网络技术进行民意回应。2013 年 11 月，最高人民法院开通了“首个国家级法院官方微博”，利用微博、微信公众号等新媒体平台，逐步依靠网络来迅速回应司法过程中的“舆论危机”。在过去，由于信息不对称等现象的存在，司法与民意之间存在显著的沟壑，[②] 对于引发重大社会影响的案件，我国法院往往是通过“提级审判”——由更高一级的法院进行审判来回应民意。但是，较高层级的法院进行审判并不能迅速平息社会舆论的发酵，从舆论危机到判决结果的作出，中间有较长的时间差。在这段时间内，民意容易因为对案件的不尽了解而产生误解并被煽动，质疑司法处理过程，司法公信力在此期间容易遭到撼动。因而，由于微博等平台对回应舆论事件具有显著的时效优势，从而成为网络化改革后重要的司法公开平台。例如，2019 年 5 月，孙小果案在网络上引发极大的关注，最高人民法院利用微博等及时向社会通报相关清查程序，对于化解网络舆情危机具有良好的效果。此后，最高人民法院亦通过微博、微信公众号及时推进孙小果案的审判情况，直至最终孙小果再审案件判决。在该案的审理过程中，民意表现出了较高的舆论理性，网络大众明晰该案的责任归属，并对司法纠偏功能给予了认可。孙小果案极大的网络关注发端于大众对于司法“保护伞”的信任危机，而最终得益于及时的网络化沟通，通过透明的再审程序向社会展现了当前更为文明的司法环境，扭转司法腐败引发的民意困局，在司法与民意间形成了一种良性的沟通机制。在现代社会，民众对于司法的评

---

① 参见《法院领导当庭“传话”也是干预司法》，载《新京报》2016 年 5 月 15 日，第 2 版。

② 参见徐阳：《“舆情再审”：司法决策的困境与出路》，载《中国法学》2012 年第 2 期。

价，已经远超对判决结果的评价，更在于对司法程序的感知，[①] 利用网络手段迅速与民意进行沟通，已经成为我国处理重大司法案件（sensational case）的一种程序性的习惯法。

从电子化到网络化，由于网络化面向的是更为庞大的受众，“司法公开”的理念得到了强化与落实，这一阶段的信息化进程也令司法程序的监督主体和监督方式更为广泛。无论是裁判文书网的搭建，还是庭审网络直播由图文模式向视频模式演变，抑或利用微博、微信公众号回应民意，这些单纯以网络为载体的审判信息化建设，从实现的技术特征来看，都以单向输出为主——只向外界输出，而不发生即时性的互动。这是因为，受制于技术的局限性和安全性，即时互动（远程审判）虽然也可以借助网络系统完成，但是并未在这一阶段得到广泛使用，本书亦意图将之归于后一阶段之中。

三、智能化阶段

如果说法院对计算机设备的普及是法院信息化 1.0 版，网络化的建设为 2.0 版，那依托人工智能、大数据等技术的新一轮信息化建设则被称为法院信息化 3.0 版。[②] 有学者曾指出，法院信息化 2.0 版主要以网络互联互通作为主要的特征，但是法院信息化 3.0 版则是以数据为核心的一种升级版。[③] 2016 年，“智慧法院”建设被纳入国家信息化发展战略与规划之中，此后，以大数据、云计算、物联网为内容的智能化建设成为我国法院审判体系的新一轮主题。根据《人民法院信息化建设五年发展规划（2016—2020）》，这一阶段的法院信息化建设，要构建起以“数据运维”“安全运维”“基础设施运维”“应用运维”为内容的法院

---

① 参见孙笑侠：《公案的民意、主题与信息对称》，载《中国法学》2010 年第 3 期。

② 参见最高人民法院：《中国法院的司法改革》，人民法院出版社 2016 年版，第 41 页。

③ 参见高晋康、杨继文主编：《迎接智能法学的到来》，法律出版社 2019 年版，第 18 页。

信息化运行体系。

2017 年，上海市高级人民法院开始承担“推进以审判为中心的诉讼制度改革软件”的建设与试点，其设计理念在于运用大数据从海量的审判数据中对案件的证据标准进行提炼，进而实现智能化审判。具有互动属性的网络化应用也是这一阶段的重要变化，其中最典型的是互联网法院的试点。2017 年 8 月，杭州互联网法院试点成立，成为我国首个将立案、分案、调解、庭审等诉讼全过程都网络化的法院，并构建了电子证据规则、区块链存证规则、异步审理等一系列突破原有诉讼形态的规则。对于当下这一以智能化作为主题的信息化建设而言，“审判质量”的提高成为其较为复杂的内涵特征。一方面，从实体公正的实效角度而言，智能化的裁判系统希望通过划定相对统一的证明标准来实现司法任意性的消解。另一方面，区块链、远程互动技术的引入，也意图使司法过程更为透明化和高效化，以维护程序正义的实现。① 总体而言，这一阶段的信息化改革正处于中国信息技术迅速发展的阶段，新型技术得到了应用。本书也将在后文着重对这一阶段的新型应用展开讨论。

第四节　刑事审判信息化的改革利益相关者

“在自上而下的司法改革中，如果顶层的改革者不能系统、全面、深入地厘清改革的利益相关者并平衡这些利益——尤其是如果不能很好地权衡司法人员群体的核心利益，那么再好的司法改革方案在执行中也会大打折扣。”② 由于牵涉大量的经费，审判的信息化改革如何进行利

---

① 参见崔亚东：《人工智能与司法现代化》，上海人民出版社 2019 年版，第 16 – 17 页。

② 参见季卫东主编：《中国的司法改革——制度变迁的路径依赖与顶层设计》，法律出版社 2016 年版，第 108 页。

益分配关涉这项改革“为谁而做”“如何检验是否改革成功”等一系列核心问题。厘清各个利益相关者在这场改革中拥有何种利益及依据，了解他们在改革利益分配中具有何种立场也就显得尤为重要。这是因为，在一个多元化的社会中必然会存在许多相互迥异的价值立场，[①] 法律需要超然于各种价值立场之上，改革亦是，没有得到价值认可或实现利益共赢的改革举措，很难借由权威的威慑力达成一种充分的社会合力合作的良性驱动。即便是“善良动机的立法”，也会引致负面的结果，而其中最为关键且有效的一条途径，就是获得“人们下意识的认同”，[②] 即符合多元利益主体的价值认可。

因此，程金华教授在研究我国司法改革时，就根据弗里曼等学者关于利益相关者的定义，将我国司法改革的利益相关者划分为六大类。[③] 本书亦以此为依据，按照“能否影响审判信息化目标的实现”和“是否有被审判信息化影响的利益”为依据，划分出不同的利益群体并作出分析——以审判活动为研究中心，对原理论的“司法组织体”内容进行调整，还将相关技术人员及机构纳入利益相关者之中，总体情况如表 1－1 所示。具体而言，既可以直接影响审判信息化，又具备法律化利益的主体包括执政党、法院及其组织内部人员，可以直接影响且具备事实上利益的主体包括人民代表大会、可以制约审判信息化的党政机构与个人、中国法律教研机构与法律学者、信息化建设的技术人员及机构，可以间接影响且具备法律化利益的主体包括中国公民和中国律师，法院以外的其他司法机构及其人员和媒体主要是间接影响并在事实上具备利益。此外，审判信息化改革的利益相关者还包括不能影响但利益会受到影响和可以间接影响但不具有利益关系的个体，这些个体对于本书的研

① 参见季卫东：《通往法治的道路：社会的多元化与权威体系》，法律出版社 2014 年版，第 31 页。

② 参见苏力：《法治及其本土资源》，北京大学出版社 2015 年版，第 13－17 页。

③ 弗里曼将组织的利益相关者定义为“能够影响组织目标实现或者组织目标实现后对其产生影响的个人或团体”。

究意义较小，本书将着重对前述的四类主体进行讨论。

表 1－1　审判信息化改革的利益相关者①

<table>
<tr><td colspan="3" rowspan="3"></td><td colspan="3">能否影响审判信息化目标的实现</td></tr>
<tr><td colspan="2">能够影响</td><td rowspan="2">不能影响</td></tr>
<tr><td>直接影响</td><td>间接影响</td></tr>
<tr><td rowspan="3">是否有被审判信息化影响利益</td><td rowspan="2">拥有利益</td><td>法律化的利益</td><td>执政党；
法院及其组织内部人员</td><td>中国公民；
中国律师</td><td>作为当事人的外国公民</td></tr>
<tr><td>事实上的利益</td><td>人民代表大会；
可以制约审判信息化的党政机构与个人；
中国法律教研机构与法律学者；
信息化建设的技术人员及机构</td><td>法院以外的其他司法机构及其人员；
媒体</td><td>非当事人的外国在华公民</td></tr>
<tr><td colspan="2">没有利益</td><td>无</td><td>外国政府、国际组织及其领导人；
外国法律教研机构与法律学者；
外国媒体与非政府组织等</td><td>不是利益相关者</td></tr>
</table>

一、利益相关者的分类和内容

（一）拥有法律化的利益并直接影响

首先是执政党。党管政法机制是我国政权体制下司法体系的重要构

① 本表化用自程金华教授执笔的《中国司法改革的驱动力：利益相关者与诉求满足》中的“中国司法体系运作及其改革的利益相关者”，且表现的是一种实然状态，相关内容参见季卫东主编：《中国的司法改革——制度变迁的路径依赖与顶层设计》，法律出版社 2016 年版，第 118 页。

成内容。[①] 根据《宪法》的规定，中国共产党作为执政党，具有“健全社会主义法制”的职责，而审判信息化建设最初的架构也是党的全国代表大会决策生成的。对于审判的信息化改革而言，其具有核心的指导功能，主要通过宏观文件、方针、政策来引导改革的进程与内容。从利益的角度而言，执政党具备两个方面法律化的利益。其一是国内的利益。就国内而言，执政党最大的利益在于推动社会的协调发展，包括对纠纷按质按量的有效化解，信息化在纠纷解决以及社会治理上被寄予厚望。其二是国际利益，审判信息化改革是体现中国优势的窗口。事实上，当前电子诉讼等与审判信息化改革相关的“信息革命”在世界范围内多个国家、地区都有试行，各国处于水平相近的起跑线上，但中国在科学技术上具有更高的优势，这有助于中国在这一领域产出更为领先的改革成效。

其次是法院及其组织内部人员。我国的法院，尤其是基层法院，“案多人少”等司法资源不足的问题较为突出，法官的业务压力亦较为繁重，因而本轮信息化改革一直在提倡要“将法官从事务性工作中释放出来”,[②] 以科技生产力代替法官的一部分人力也成为信息化建设的美好愿景。所以，此轮信息化改革就将法院作为最主要的改革主体，基层法院到最高人民法院，都对本级或其下级法院的信息化改革具有话语权，并且此轮信息化改革在资金投入上采用了直接拨付的方式保障改革力度和改革效果。

从整体来看，执政党和法院两个主体掌握了审判信息化改革绝大部分的话语权，各层面的研究也多以这些群体的决策动向作为依据而展开。

---

① 参见郑智航：《党管政法的组织基础与实施机制——一种组织社会学的分析》，载《吉林大学社会科学学报》2019 年第 5 期。

② 参见强梅梅：《法院人员分类管理改革的历程、难点及其破解》，载《政治与法律》2017 年第 1 期。

（二）拥有事实上的利益并直接影响

首先是人民代表大会。人民代表大会作为权力机关，依据《宪法》对法院具有监督的职权，每年都需要听取法院的工作报告并投票表决。信息化作为目前法院工作的重要内容，多次出现在法院的工作报告之中。例如，2019 年两会上所作的《最高人民法院工作报告》不仅就全国智慧法院的建设作了宏观的数据汇报，还对部分地区（如安徽合肥）的工作经验进行了推介。此外，人民代表大会对信息化建设的直接影响还在于对司法财政预算的批准权上，因为信息化建设需要投入大量的资金，需要同级人民代表大会在预算决策时给予关注。

例如，北京市高级人民法院 2020 年的预算中，[①] 涉及信息化建设的预算金额就已经达到了 48%，其中的信息化运维费为 2270 万元，仅次于北京市高级人民法院审判区租金，[②] 成为第二大预算支出项目。人民代表大会作为对这些经费具有批准权的机构，也就在财政支出等内容上对此具有了决策权，因此，人民代表大会对审判信息化有非常直接的影响。但是，从利益获得的角度而言，信息化改革的建成并不构成法律化的利益，仅对其监督效果和决策效果（主要是改革的审批权）的评价有事实上的关联。

其次是可以制约审判信息化的党政机构与个人。即便是在“去地方化”“去行政化”等改革相继实施的背景下，法院还是在组织、人事、财务等方面作出了许多努力，以实现事实上充分的“依法独立行使审判权”。[③] 但是法院组织体作为地方治理的一部分，还是会在审判管理等其他非审判权具体运作的过程中受到地方政府或其他党政机构、个人的

---

① 参见《北京市高级人民法院 2020 年财政预算信息》，载北京法院网，http：//bjgy.chinacourt.gov.cn/article/detail/2020/02/id/4807749.shtml。

② 北京的房租负担较重，在其他地方，信息化经费的比例可能会更高。

③ 参见秦汉：《宪法视域下巡回法庭的“去地方化”功能》，载《政治与法律》2017 年第 3 期。

影响，而这种影响在审判的信息化改革中，主要表现在相关经费的投入以及对其他司法机关的协同问题上。例如，一些基层法院在推行刑事电子卷宗全覆盖的初期曾遇到一些困境，由于传统的卷宗需要从公安机关移送，并经由公诉机关审查起诉，如果一开始就实现电子化，将会对保障卷宗的完整性提供便利。但是，一些信息化建设以法院为主要推行者，在有效辐射审前程序的信息化建设上具有难度，只能通过当地政法委牵头来促成此项信息化的建设。这些党政机构与个人会对信息化建设以及信息化改革产生直接影响。他们对此不具备法律化的利益，只能在现实上获得诸如社会治理效果提升等的事实利益。①

再次是中国法律教研机构与法律学者。毋庸讳言，审判信息化改革以及由此衍生的众多的相关话题已经成为目前法学界最为高频的研究内容之一，主要但不限于以下四个方面。其一，众多司法大数据研究机构、科技与司法研究基地成立，并且多数是依靠高校法学院和其他实务部门联动成立。其二，法学类期刊、著作多以相关话题为专题，尤其是在中国顶尖的法学研究成果刊载平台，这些相关的讨论得到了极大的关注。其三，国家社科基金、教育部基金等学术研究项目亦些许倾向于该类研究。其四，学术界的专业讨论、主题会议时有围绕这些命题开设，且受众较多，在学术圈内外有很多关注。学术热点在这些方面的聚焦，体现出信息化建设与中国法律教研机构、法律学者之间的利益关系。一方面，这些机构和学者由于具有智库的作用，并且也与实务部门建立了不少合作关系，对审判的信息化具有直接的影响力。另一方面，由于这些关系的建立，审判信息化改革的成功与否也与倡导推动该改革的学者的学术声誉有所关联，他们自然与此项改革的最终成效具有现实意义上

---

① 也有学者认为，这些党政机构或个人会对权力的行使产生垄断，进而生成权力的寻租空间。但本书认为，信息化建设中权力再分配的空间极其有限，最主要的利益博弈集中发生在成本投入与资源分配部分，而非权力分割部分，因此很难存在党政机构或个人借此发生权力垄断的情形。

的利益关联。

最后是信息化建设的技术人员及机构。与其他司法改革相比，技术人员及机构在审判信息化改革中的地位尤为突出。由于此项改革带有浓重的技术属性，技术人员也就很自然地成为这场利益博弈中的一个环节。目前，技术人员及机构参与审判信息化改革主要有三种方式。其一，人民法院内部原本就存在一定的技术人员，对于一些规模较小的信息化改革内容，这些技术人员连同案管办等具体对接部门共同开展工作。其二，公开招标或技术外包。由于法院内部技术人员的有限性，众多需要更大规模技术团队和设备的改革需要引入外部技术力量方可以实现。例如，内蒙古自治区某中级人民法院的电子卷宗平台就是通过招标投标的方式，借助合适的外部力量进行了最初的平台建设。[①] 其三，建立合作关系。合作关系中法院和技术机构建立了一种共赢的关系，法院提供司法方面的经验，技术部门提供技术支撑，共同实现相关系统的建立。比如，华东地区法院就多采用此种方式。但是，无论是法院内部的信息化建设，还是通过招标投标方式进行的技术购买，抑或与技术部门进行合作，这三种模式之下技术人员都参与了信息化改革从宏观设想到具体实现的过程，具有直接的影响力。而从拥有的利益而言，其更主要的在于由技术转换为物质的事实性利益。[②]

（三）拥有法律化的利益并间接影响

首先是中国公民。“中华人民共和国的一切权力属于人民。”即便审判信息化改革的主体是法院等，但司法具有人民性，改革的最终效果也将与中国公民息息相关。这是因为，无论信息化改革更侧重于司法效

---

① 参见《中级人民法院法院电子卷宗集中扫描招标公告》，载采招网2019年6月14日，https：//www. bidcenter. com. cn/news – 72075765 – 1. html。

② 合作模式下的利益，虽然并不是直接获得物质财富，但是通过与法院等司法机关的合作，可以完善其产品的质量，以实现产生本身的功能优化以及相关类似产品的生成，最终所得到的还是物质性利益。

率等程序性利益，还是更侧重于统一裁判等实体性利益，最终都会与涉案人员的利益产生关联，而每一个公民都有成为这一利益关联者的潜在可能性。但是，公民对此具有法律化的利益却不具备直接的影响力。其一，中国公民的基数极为庞大，即便构建了人民代表大会制度也依然需要对利益诉求进行逐级吸收，从而转化为集体意志进行影响。人民具有权力，但权力的实现需要得到聚集，而非直接影响。其二，我国的信息化改革采取的是一种试点模式，是一种“先上马、后调整”的改良方法。① 对于试点过程中的问题，中国公民有权利对此提出异议或建议，但是这种民意的吸收需要一个过程进行转化，而非直接实现。其三，中国公民在信息化改革的过程中的话语权极为有限，由于许多信息化过程的内部化，即便是司法亲历者都不一定能够全面地感受到哪些具体的司法过程是以信息化的形式得到了实现，更遑论对此作出是否影响其基本权利的评价，所以中国公民实质上在这场信息化改革中的影响力有所局限，无法直接地进行影响。

其次是中国律师。律师在司法活动中享有一定的权利以实现其业务，法律也保障律师群体在合法范围内为其当事人提供辩护与代理服务。② 信息化改革，与律师的执业过程亦具有极大的关联。例如，在民事电子诉讼中，律师可以通过远程视频参与辩论，获得远程化所带来的便利。而在刑事诉讼中，诸如电子卷宗的查阅，需要通过构建律师群体的查阅规则，来赋予他们这项信息化改革的利益。作为审判的重要参与人员，律师群体享有法律化的利益。但是，在我国现有的司法体系之下，律师群体对于审判信息化改革的影响还是只停留在一种间接的影响。这是因为以法院为改革主体，意味着其他诉讼参与人的影响力稍

---

① 例如，龙宗智教授就将其表述为“受制于现代法治基础条件的不尽完善，司法改革只能采取渐进的、改良的方法”。参见龙宗智：《论司法改革中的相对合理主义》，载《中国社会科学》1999 年第 2 期。

② 参见陈兴良：《为辩护权辩护——刑事法治视野中的辩护权》，载《法学》2004 年第 1 期。

弱，律师群体很少拥有直接与这项改革决策者进行对话的机会。目前，许多基层法院在信息化试点的过程中，令律师在参与审判之后以问卷的形式传递其利益诉求，再将这些诉求集中后作出是否修正试点的决定。所以，律师作为改革的利益相关者，可以影响本轮信息化改革，但和中国公民类似，仅为间接影响。

（四）拥有事实上的利益并间接影响

首先是法院以外的其他司法机构及其人员。就侦查、审查起诉等参与刑事诉讼程序的其他机构及其人员而言，他们对审判的信息化拥有事实上的利益。由于审判活动在这个诉讼流程中的作用越发凸显，它对于审判前置环节的约束力也开始放大。其一，庭审过程中对于证据形态的要求会影响司法过程。例如，虽然目前区块链存证技术并未得到法律上的明确赋能，但一些法院对于区块链存证技术的认同，已经准许了一些司法机关在实践中使用区块链存证技术。审判过程中对信息化的改革和承认，推动了其他司法机关对于这些新型技术的适用。其二，这些司法人员都有参加庭审的可能，对于诉讼参与人所享有的科技便利，他们同样具备利益。目前，侦查机关和检察机关的人员参加庭审的身份主要为程序证人和公诉人。对于程序证人而言，远程作证技术、声形处理技术都将为其所用；对于公诉人而言，以远程视频的形式参与庭审亦为其提供了便利。因而，法院以外的其他司法机构和人员在事实上被信息化改革影响了利益。但是，在以法院为主导的情形之下，他们对审判信息化改革多以间接的方式进行影响。

其次是媒体。虽然，受到“依法独立行使审判权”的影响，司法官员总是“本能地排斥媒体”，[①]不愿意受到媒体的“钳制”而影响判决。但在审判的信息化建设中，网络化建设是其重要的组成部分，尤其

---

① 参见孙笑侠：《司法的政治力学——民众、媒体、为政者、当事人与司法官的关系分析》，载《中国法学》2011 年第 2 期。

是在近些年自媒体不断崛起的背景下，法院正在通过建立网站、微博、微信公众号，构架起与公众更为密切、即时和直接的沟通机制。在传统的媒体环境下，法院需要借助官方新闻媒体来和外界沟通，但目前这种沟通的渠道正在发生变化。申言之，过去媒体所秉持的“新闻自由”，会着重对大众意见进行舆论扩张。[①] 在过去，这些借由媒体而扩张的大众意见往往会通过弱的裁判而成为“合理化判决的说明性事实”。[②] 但是，在当前的情境下，法院可以自行对社会关注的案件进行即时通报，其价值立场和传统媒体的价值立场有所出入，会令媒体的利益发生变动。顾培东教授认为，在中国社会的情境下，媒体与司法在根本上不存在紧张关系，在维系社会稳定的目标上二者具有统一的价值观念，中国的媒体和司法一直保持着高度的统一。[③] 本书亦认同二者并非处于对立状态，但是社会治理层面的共同价值焦点并不指向传统媒体和法院自媒体就一定存在完全相同的立场。例如，在时效性问题上，传统媒体在新闻展示的顺序、篇幅等方面需要进行统筹考虑，在具有更大影响力事件发生的情况下，需要优先对这些内容进行报道。但是，法院有自媒体后，可以完全根据法院自身的需求和立场，对报道的篇幅进行控制，而不需要受到传统媒体的版面束缚。再如，虽然地方法院和地方性媒体在社会治理层面具有一定的一致性，但并不意味着其地方性利益不会和更高层面的利益存在出入。法院自媒体的加入会令地方法院不再轻易妥协。

二、面对多重利益相关者的改革立场

“制度变迁总是由多元主体参与，不同主体的角色不同，而且可能

① See Blaivas, Jerry G. , *Freedom of the Press and the Public's Right to Know.* Neurourology and Urodynamics (2000): p. 211.

② 参见陈林林:《公众意见在裁判结构中的地位》，载《法学研究》2012 年第 1 期。

③ 参见顾培东:《论对司法的传媒监督》，载《法学研究》1999 年第 6 期。

转换，这主要取决于制度变迁对不同主体的利益的影响。"[①] 可以发现，在审判的信息化改革中，有不同的利益主体，他们中有的具有法律化的利益，有的具有事实上的利益，有的可以直接影响改革进程，有的只能对改革过程进行间接影响。对此，公丕祥教授指出，改革的过程需要考虑国情的"大局因素"，司法权运行的实质在于国家统治者的治理需要服务于特定的社会政治，统筹考量不同的社会主体。[②] 而在审判信息化改革命题之下，就需要对各个利益主体的利益进行区分，[③] 以避免使改革成为法院内部的一项举措而"无人喝彩"。这是因为以法院作为审判信息化改革的主体，意味着法院具有较大的话语权。但是，与过去几轮信息化改革与外界的互动相比，此轮改革所涉及的利益群体更多，在决策过程中利益群体的参与度构成平衡改革红利、实现改革实效的关键。在后续对于信息化建设的具体评价中，本书也将统筹考量这些利益群体的利益诉求与改革影响。

第五节 刑事审判信息化的改革模式

"司法体制乃一国法律运行的轨道，它的设计与建立在很大程度上取决于国家的政治结构，某种角度而言，也是政治体制的组成部分。"[④] 在我国的司法体制之下，审判信息化改革也无法离开这种结构体制的影响。从组织体的视角而言，目前审判信息化改革的结构逻辑主要包括三种形态：第一，以"彻底革命"作为底色的全面改革，这类改革意在

---

① 参见黄少安：《关于制度变迁的三个假说及其验证》，载《中国社会科学》2000年第4期。

② 参见公丕祥：《当代中国的司法改革》，法律出版社2012年版，第13－14页。

③ See Alan S. Miller, *Public Interest Group Participation in Decision－making: the Broader Meaning of the Law Reform Commission Proposals*, Federal Law Review (1979): p. 143.

④ 蒋惠岭：《司法改革的知与行》，法律出版社2018年版，第9页。

搭建新的技术框架和制度构成，我们称为“平地起高楼”的全新式改革模式；第二，承继原先的信息化建设或其他司法体制的资源，以此作为基础搭建新的信息化改革内容，我们称为“旧瓶装新酒”的承继式改革模式；第三，借助其他司法改革的外观，加入信息化建设内容的改革，这类改革将信息化建设与其他改革内容相交融，我们称为“搭顺风车”的量变式改革。这三种改革形态具有不同的改革基础，亦代表了司法机关不同的价值诉求和改革难度。

一、全新式改革

大部分的审判信息化改革属于全新式改革。这是因为新型技术的介入，令原有的一些司法习惯产生了变动。无论是操作技术层面，还是规则层面，都是一种全新的“平地起高楼”。例如，区块链技术的司法适用在过去未有涉及，首例对其认定的案件亦采取了极为谨慎的态度。再如，上海“206 系统”以及其他各地的智能裁判也是“从零出发”，以全新的方式搭建起相关系统。在很长一段时间内，我国信息化审判改革都采用了这种模式，这与我国信息化改革的历史惯性有关。在最初审判的电子化、网络化构建过程中，法院体系对于技术的认知程度都极为有限，信息化的平台、技术搭建都从零开始，即便当下这一困境有所改变，但还是将过去对于信息化的改革习惯保留了下来。

另外，我国法院改革需要得到地方人大、上级法院等多个部门的决策首肯，多部门之间都存在管理层的新旧交替，只有全新的改革才可以和原先的决策者切割，最终改革成果的责任归属或绩效分派也能因此更为便捷。并且，对于改革的实践者而言，全新的改革内容可以摒弃过去改革失败所形成的局限，使工作的开展有更少的包袱与束缚，所以地方决策者更青睐这种“平地起高楼”的改革方式。虽然，随着我国治理体系的日臻完善，“功成不必在我”的“改革稳定性”被逐渐重视，[①]但由于审判信息化改革经历了较长的时间，改革规划早已划定，对新型政绩观的回应速度较慢，“平地起高楼”的全新式改革模式还将在很长一段时间内作为本轮改革的主要模式。

二、承继式改革

互联网法院便是“旧瓶装新酒”的典型改革实例。杭州互联网法院基本上沿袭了杭州铁路运输法院的建制。在我国整个司法体系的发展过程中，许多与现代历史发展难以匹配的司法机构都面临着“何去何从”的问题。例如，铁路法院因为铁路运输过程中纠纷数量的减少，而逐渐缩减了业务量。此时，知识产权法院、跨行政区划法院等一些新型法院结构的填充，令铁路法院的一部分机构进行了功能转型。而审判的信息化改革也同样践行这种改革思路，具体而言，这种新旧交替可分为三种类型。

其一，承袭原机构的人员或硬件设备。杭州互联网法院就是使用原先杭州铁路运输法院的建筑及人员。其二，承袭原机构的编制。例如，北京互联网法院、广州互联网法院的建立与北京铁路运输法院、广州铁路运输第二法院的撤销同步，就是为了保持该地法院编制数量的平衡，从某种意义上来说，这两个互联网法院承袭了铁路法院。编制作为中国的一项特殊组织规则，代表着国家权力体系的资源分配和规划。对于法院体制而言，编制决定了其人、财、物等各方面的投入量，铁路法院的编制向互联网法院转移亦代表了国家权力分配体系朝着向信息化审判相倾斜的改革模式发展。其三，承袭原先的“改革外观”。这一类改革内容较为隐蔽，由于使用同样的改革外观——特定的改革名称——而让人忽视了其改革内容的变化。电子卷宗就是最为典型的一类。在21世纪

① “功成不必在我”最初在习近平《之江新语》一书中提出，此后逐渐在全国范围内得到认同与提倡。

初，公、检、法三部门就提出了要构建电子卷宗，但是当时所称的“电子卷宗”，只是一种档案意义上的电子化存储技术。如今，虽然依然使用“电子卷宗”的称谓，但其内涵已超越电子档案，而成为一种证据载体，甚至有着成为新型证据的趋势。这一类的改革很大程度上是由于每个阶段都未将其视为重要的改革内容，故未对其赋予特定的改革名称以作区分。与承袭改革外观相比，前两种改革类型具有较重的利益驱动，无论是对人力、硬件设施的承袭，还是对编制的承袭，都代表或者可以转化为物质利益。这两类“旧瓶装新酒”虽然与“平地起高楼”相比，具有一定的束缚，但“收益”大于“包袱”，故被择以适用于改革之中。

三、量变式改革

如果说“平地起高楼”和“旧瓶装新酒”这两类司法改革是谋定而后动，那么“搭顺风车”式改革则走出了一条“自下而上”的改革路径——基层对这类信息化改革的需求要大于高层决策者的改革布局，只能借由其他司法改革的“便车”来实现这一功能。远程视频审判就是最为典型的一类“搭顺风车”改革。21 世纪初，为了简化转移犯罪嫌疑人的琐碎过程，以及解决证人出庭少的问题，一些经济发达地区率先开始实施远程视频审判的模式。例如，杭州市西湖区人民法院在 2004 年就允许当事人通过 QQ 视频聊天的方式出庭。之后，各个基层法院受制于法警编制数量以及法院经费等司法资源困局，一直希望在提押犯罪嫌疑人等环节减少司法投入。虽然，远程视频审判可以缓解这些司法资源的压力，但在当时并未得到决策者的重视，在整个改革布局中并不具有显著的地位。受制于改革投入与经费限制，这一阶段的远程诉讼无法得到大规模的适用。这一情况直到 2012 年开始有所改观，是年，《刑事诉讼法》对简易程序的受案范围进行了扩大，随后又在 2014 年开始试行刑事速裁程序。这些程序分流的改革开始将司法改革的目光从实体公正转向司法效率,[①] 许多地区也借此将远程视频审判作为这些程序分流改革的内容，开始加快对远程审判系统的搭建和发展。以北京市海淀区人民法院为代表，此时很多地方法院开始在辖区看守所监区与法院内部分别搭建速裁法庭和同步数字法庭，在速裁程序中推行远程视频审判。原本已经建有远程系统的地区则借力继续扩大远程系统的建设，如杭州法院通过当地政法委建立了公、检、法、司的联席会议机制，将原本已经存在的远程视频审理扩大为“三方视频审理”这一更大规模的远程诉讼。

由上可以看出，“搭顺风车”的量变式改革是审判信息化改革过程中一类较为特殊的实践。一方面，信息化建设需要极大的经费支撑，在未明确提出智慧法院建设时，司法体系的经费资源有限，单独为信息化建设划拨经费对于法院而言较为困难。[②] 根据本书前文所呈现的改革利益相关者理论，具有决定权的主体与实际司法实践者的利益内容不尽相同，对改革的影响力也有所差别。因而，借由相关的改革，可以为那些决策者并不重视的司法改革赢得司法资源，使司法改革在实践层面的利益再分配，实现改革决策者与改革实践者之间的利益双赢。另一方面，在整个司法体制改革的过程中，也会允许一小部分“搭顺风车”式发挥基层能动性的改革存在。根据社会组织体理论，自上而下的改革可以保障改革举措的理性，但在司法体系这一具有浓重地方性和基层特征的场域中，单纯以政令的方式实现的改革会因为内动力不足而出现内外参

---

① 作为这一阶段的改革思路，司法效率成为许多改革的主要命题。虽然，这一价值目标很快又得到了反思，可参见左卫民：《认罪认罚何以从宽：误区与正解——反思效率优先的改革主张》，载《法学研究》2017 年第 3 期。

② 审判活动作为国家事权，从性质上而言需要由国家财政负担，但信息化改革以基层法院为单位，作为基层司法管理改革，又理应由基层负担。为了保证财政拨款的针对性和合理性，无论是由中央还是地方拨付信息化建设经费，往往都需要附着于其他法院经费。中国法院经费划拨困境的相关论述可参见陈永生：《司法经费与司法公正》，载《中外法学》2009 年第 3 期。

与不一的情况；[①] 而允许地方实施者对改革内容适当扩充，辅之以一些利益相关的举措，则会带动地方实施者的改革积极性，提高整体改革效果。所以，无论是操作层面，还是功能层面，“搭顺风车”的量变式改革在审判信息化改革中都具有现实意义。

四、多形态信息化改革评述

中国行政体制改革的进程中，先后出现过适应市场、稳定社会与人民满意的逻辑和价值取向，使政府结构形式经历了高效政府、服务型政府和人民满意的服务型政府的转变。[②] 而在司法体制中，价值的变迁一直在不断演进，导致司法机构也在不断发生变化。从组织体的角度而言，审判信息化改革有激烈的质变式改革，也有温和的量变式改革，多类型的改革模式在中国当下的司法环境中固然具有多重优势，但从一种理想的整体性改革视角而言，其只是多方妥协后的产物，既具备司法成本等实然层面的改革优势，但又在宏观视角下具备缺陷。

（一）优势

其一，司法成本低。从司法资源整体配置的角度而言，当前三种改革模式并存的审判信息化改革可以降低许多司法成本。在经济学的研究中，改革分为“渐进式改革”和“激进式改革”两种类型，但是适用何种改革方式并不绝对，需衡量这种改革所要付出的成本。经济学家樊纲教授认为，改革的触发，需要满足以下条件：Wn－TC＞Wo。其中，Wn 是指通过改革将会得到的预期收益；TC 是改革成本，即为实现这一改革目标而付出的代价；Wo 是指旧制度所产生的收益。当预期收益减去改革成本大于旧制度收益时，才能触发改革。并且，由于 Wn 和

① 参见李敏慎：《司法改革客体和改革路径之反思——以司法事权改革为视角》，载《法学家》2018 年第 2 期。

② 参见何艳玲：《中国行政体制改革的价值显现》，载《中国社会科学》2020 年第 2 期。

Wo 已经确定，只有尽可能地减少 TC 才能降低改革的难度。[①] 对于渐进式改革而言，由于在改革的过程中存在多种制度改革并存的局面，多样化的改革方式是“边际性”的，每一个相对单独的改革措施的深度“都会达到而且也仅仅达到边际收益与边际成本相等的一点”[②]。虽然这种改革目标实现的步伐较小，但可以使改革的阻力减小。与此相比，激进式改革虽然体系性与完整性更强，但由于“整体一盘棋”，其改革目标的实现需要经过更多的博弈过程，改革成本（TC）也就随之增长。所以，从经济效率的角度而言，目前这种多形式的改革方式更接近于经济体制改革过程中的“渐进式改革”，可以使不同利益群体之间进行利益取舍，[③] 促使改革效率的提升。对于信息化这一极大依赖经费投入的改革而言，这种效率的提升意义尤重。

其二，失败的代价小。事实上，何种类型的司法改革模式更适合于中国国情，我们很难作出精准而具体的描述，我国相关法治评估的对象也很少涉猎某个具体的改革举措，更遑论对改革方式的评价。在当前我国的司法体制中，改革的过程一定程度上存在“试错”的属性。多种改革形式的并存，既可以减少改革形式单一造成的整体性失败，也可以减少因改革失败而付出的代价。经济学者常言，“不要把鸡蛋放在一个篮子里”，这对应于信息化改革这一成本极高的改革亦如是。

其三，调和多方利益，挖掘改革潜力。“善治就是公共利益最大化，其本质特征就是国家与社会处于最佳状态，是政府与公民对社会政治事务的协同治理。”[④] 多种形式的改革过程的实质就是协调各种改革利益主体的利益取向，以保证其最大限度地投入改革之中。在审判信息化改革过程中，这种利益协调格外重要。如本书前文所述，信息化改革涉及

---

① 参见樊纲：《两种改革成本与两种改革方式》，载《经济研究》1993 年第 1 期。

② 参见王跃生：《不同改革方式下的改革成本与收益的再讨论》，载《经济研究》1997 年第 3 期。

③ 也就是经济学意义上的“议价过程”。

④ 参见俞可平：《推进国家治理体系和治理能力现代化》，载《前线》2014 年第 1 期。

多方改革主体。例如，在过去推行电子卷宗的过程中，公安机关和检察院需要增加工作量，但电子卷宗的改革受益不仅在于其档案的制作有多简便，更多的在于法院层面的阅卷便利。此时，公安机关与检察机关的改革动力就较为有限。但对信息化改革方式不作限定以后，公安机关与检察院可以将这些改革与自身的相关工作相衔接，无论是政绩意义上的改革成果，还是实践工作意义上的改革成果，都符合其利益取向，可以实现“协同治理”的最佳状态。

（二）缺陷

其一，对偶然性的依赖而缺乏整体性。有学者指出，“中国政府自上而下层级间的行政管理体制，一直实行的是上级政府向下级政府下达指标、分解任务、量化考核的目标责任制”①。审判的信息化改革也同样适用这一套分解式的改革逻辑，最高人民法院牵头，各级法院遵照响应。区别之处在于，审判的信息化改革所涉及的经费难以由最高人民法院全额划拨，最高审判机关对基层的改革话语权可能会因此受限，影响目前“多形式”改革方式的形成。虽然前文所述这种改革方式可以提高各个利益群体的能动性，但是也较为依赖基层改革实施过程中的偶然性。对于改革意愿并不强烈，或者改革成本难以维系的地区，这种改革的推进就有可能陷入形式化之中。例如，在电子卷宗的实施过程中，某基层部门就曾强制性地要求只能查阅电子卷宗，辩护人或诉讼代理人无法接触到纸质卷宗，这与电子卷宗试点的原意存在出入，与全国电子卷宗的改革也难以对接，导致各个地方的改革差异显著，最终使由试点到形成制度具有难度。再如，这种多形式的改革方式也会导致许多试点内容的重复建设，耗费司法资源。一如本书在智能裁判相关章节中所言，当下各省市依照其管辖范围内的案件所形成的智能裁判系统只能在当地

① 参见渠敬东等：《从总体支配到技术治理——基于中国30年改革经验的社会学分析》，载《中国社会科学》2009年第6期。

适用，而无法推广到其他地区，所以，无论是未来制度的形成，还是改革成果本身的普适性，缺乏体系性的改革思路会因整体统筹层面的缺乏而难以具备长效价值。这是目前审判信息化改革的首要缺陷。

其二，与其他改革内容的衔接程度较低。除了远程诉讼最开始依附于程序分流相关改革，其余的审判信息化改革几乎属于较为独立的存在。一方面，信息化改革明显的技术性特征需要与传统的司法内容进行衔接，而司法改革作为更进一层的司法实践，在衔接的过程中需要让位于其他基础性司法内容与技术的对接。另一方面，我国的司法改革实行“责任人负责制”，信息化改革往往由当地的案管办或信息处牵头实施,[①] 与其他司法试点的负责部门并不重合，彼此之间的部门利益无法形成互惠，也就没有了发生衔接合作的需求。虽然目前审判信息化改革的形式多样，但有一些改革的出发点仅在于改革利益的分配，而非改革实效，加诸整体性的缺乏，很难令改革者去考虑如何与其他改革内容进行衔接，所以也就产生了“各自为政”相对独立的改革模式。这是目前审判信息化改革的第二层缺陷。

可以说，审判的信息化具有三种典型的样态，这对于司法成本、改革代价以及多方利益的调和具有优势，但也在改革的整体性、衔接程度上有所欠缺。从组织体视角而言，这一改革思路更在于对各方利益的妥协，而较少关注改革的整体布局。并且由于改革话语权存在差异，信息化改革的决定权在部门间并不均衡，甚至在有些情况下审判信息化改革还被默许为地方法院的一种内部改革，其制度化的过程多以法院的便捷性作为依据，较少关注当事人诉讼权益的实现。虽然从我国地方利益极其复杂的背景出发，改革的推行一定程度上需要令改革实施者因此获

---

① 各基层法院的机构设置名称不尽相同，但信息化改革主要由这两个部门牵头实施——案件管理部门和信息技术建设部门。

益，[①] 如今审判信息化的改革模式已属当下最优解，但在后期的推进中，还是应当将这种整体性与协同效应作为重点参照。

第六节　刑事审判信息化的基本原则

龙宗智教授曾在论及“以审判为中心”的诉讼制度改革性质时，将司法改革划分为技术性改革和结构性改革，他认为，与结构性改革相比，司法的技术性改革仅着眼于具体的司法活动，只是对程序制度方面进行适当的调整。[②] 与此相对应的，司法的结构性改革则更为宏观，将会对司法的基本格局、运行机制进行系列化的调整。从目前我国新一轮司法改革的动向而言，审判的信息化改革依然只落脚于技术型改革，并且这种对于程序制度的调整也是基于科学技术的应用需要而作出的。有学者在列举现代科技应用于司法的核心问题时指出，作为影响公民最基本权利的司法体系，在面对科技时也应当持有保守的态度，[③] 所以，从改革的可行性而言，审判的信息化改革也只能停留在技术性改革之上。因此，与结构性改革所不同，作为一项技术型改革，审判的信息化改革需要以传统的司法格局和运行规律作为依据。从定位与具体的实施来看，不仅包括审判中心主义这一大的审判改革背景以及及时审判权这一功能性的理论依据，还包括较为宏观的公正审判原则。

一、审判中心主义

从改革内容的角度而言，审判信息化在最初构建时，被许多地方法

---

① See Susan Trevaskes, *Political Ideology*, *the Party*, *and Politicking*: *Justice System Reform in China*, Modern China (2011), p. 315 – 344.

② 参见龙宗智：《“以审判为中心”的改革及其限度》，载《中外法学》2015年第4期。

③ 参见胡铭、王凌皞：《现代科技引入司法的十大核心问题》，载《中国社会科学报》2019年10月16日，第5版。

院认为属于以审判为中心改革的一个子项。① 事实上，作为审判的一项技术型改革，审判的信息化与审判中心主义改革具有极为密切的关联，理应成为审判信息化改革定位的一项依据。我国提出审判中心主义的目的在于解决过去以侦查为中心的司法模式所引发的司法问题，将司法结构由公、检、法的线形结构调整为审判居中的结构。而在过于以侦查为中心的司法环境下，最为典型的表现形式就是“侦查卷宗主义”，“制作精良的卷宗和驯服的口供”令庭审过程流于形式，在侦查阶段案件的审判结果就已经有了预设，② 即便在制度层面赋予庭审双方充分的辩论空间，也无法推翻更为强势的侦查机关所形成的“铁案”。因此，审判中心主义的提出就意图使辩护权、当事人对抗等具体制度得以落实。审判的信息化改革将审判中心主义作为价值依据，意味着在三个方面需要得到遵照。

其一，审判中心主义要求在每一个案件中感受到公平正义，这不仅要求在实体层面实现公正的效果，还要求在程序层面做到程序公正。由于人们对发现真相存在一定的能力局限和误差，从现实意义而言，不可能每一个案件都实现实体公正。但程序公正的实现则有赖于司法机关的意志，每一个案件的办理都能满足程序公正的要求，其实现可能性远胜于实体公正。因此，审判的信息化改革所面临的不仅是实体公正的实现，还有程序正义的实现。有学者曾提出疑问，现代科技应用于司法之后，司法内部的价值结构是否会发生变化。从审判的角度而言，审判的信息化只能在保持原先实体公正与程序公正双重价值实现的基础上，增加其他司法价值的实现，否则会本末倒置，无法回应审判中心主义这一定位依据。

---

① 例如，前文中有提及，上海“206 系统”在构建之初曾被视为审判中心主义改革的一个部分。

② 参见王敏远：《以审判为中心的诉讼制度改革问题初步研究》，载《法律适用》2015 年第 6 期。

其二，从“侦查中心主义”向“审判中心主义”过渡，其核心问题在于厘清审判的职能与使命。审判在司法活动中固然重要，但也不能因此“矫枉过正”，赋予审判过高的职权。例如，21 世纪初，我国地方法院曾兴起一阵“法庭测谎技术”的热潮，部分法院通过对庭审过程中的犯罪嫌疑人进行测谎，以期查明案件的事实。但由于测谎技术存在误差，以及可能会影响犯罪嫌疑人基本权利，这种法庭测谎技术很快就被中止。从目前的司法文明程度而言，这种技术的问题更在于，它违背了法庭的中立性，扭曲了法庭的真正职能。有学者曾言，“审判并不是破案的最佳时机，法庭也不是收集证据的合适场所”[①]，在信息化应用下的庭审过程中，不能无限强化庭审中的职权，法庭审理只是就控辩双方提交的证据进行质证、辩论的过程，不能由于技术的介入而背离其最本质的属性。

其三，审判中心主义强调庭审的实际效能，不能因为信息化而弱化庭审的发生。人们对于信息化的建设，不乏对司法持有悲观的态度，认为未来司法有可能会被完全取代。《未来简史》的作者就指出，在依赖于高度自动化的信息化社会，人们在法庭上的交流会被逐渐取代，由算法直接生成判决会占据主导。腾讯研究院的研究人员亦认为，法律科技的兴起，将会令司法产生“结构性坍塌”。[②] 虽然，这种想象过于遥远，但是在目前信息化的过程中就时有此类现象出现。例如，在远程技术的应用过程中，原本可以出庭的诉讼参与者被强制要求通过远程视频参与庭审。但是，证人出庭接受交叉询问的较低比例才是影响庭审实质化的因素之一，[③] 以远程技术提升庭审实质化效果的逻辑应当是令那些不能参加诉讼的证人证言回归到法庭之上，而非机械化地对原本就可以出庭

① 参见王敏远：《以审判为中心的诉讼制度改革问题初步研究》，载《法律适用》2015 年第 6 期。

② 参见曹建峰：《“人工智能 + 法律”十大趋势》，载《机器人产业》2017 年第 5 期。

③ 参见汪海燕：《论刑事庭审实质化》，载《中国社会科学》2015 年第 2 期。

的诉讼参与人员改用远程出庭方式。所以，审判中心主义强调庭审过程的重要性，审判的信息化也需要以此作为定位依据，不能因为技术的便捷性而背离最初的使命。

二、及时审判权

及时审判权是《公民权利和政治权利国际公约》的重要组成内容，其主要保障在等待诉讼阶段的当事人的人权和利益，是人权在程序正义范畴内的具体表现。[①] 虽然我国成文法中尚未明确指明该权利的体系和地位，但作为一项基本人权，我国司法体系正在努力将此作为参照。该国际公约第 9 条第 3 款中规定，“任何因刑事指控被逮捕或拘禁的人有权在合理的时间内接受审判或被释放。等待审判的人受监禁不应作为一般规则，但可规定释放时应保证在司法程序的任何其他阶段出席审判，并在必要时报到听候执行判决”。该条文可以看成由具体的两个方面构成。前者为及时审判或释放权的本体论，正面规定了在合理时间内接受审判或释放的权利，其主体是因刑事指控被逮捕或拘禁的人。后者是及时审判或释放权的平衡论，其从羁押例外的角度保障了及时审判或释放权的现实效果，平衡了被逮捕或拘禁人的人权和诉讼参与、犯罪管控间的关系。

在我国的司法体系中，诉讼效率与司法公正被视为最核心的两个司法目标，但由于多种客观原因，二者有时候会难以被兼顾。纵观中华人民共和国司法历史，为了降低社会转型所带来的极高犯罪率，我国曾经历三次全国性的“严打”时期，刑事案件“从重从快”办理成为“严打”时期的一项重要刑事政策。其中的“从快”就是要求及时、快速

---

① See *Criminal Procedure: The Right to a Speedy Trial*, Duke Law Journal, 1961 (4), p. 601 –605.

地审结案件。[①] 然而，“严打”时期对于及时审判结果的过分强调和机械化的操作令最终的结果未能达到预期，[②] 反而因此产生了不少的冤案——犯罪事实、减刑事由的调查被一再压缩，使罪犯的刑罚普遍偏重。受“严打”所留下的“司法创伤”的影响，我国学界开始对“从快从重”的刑事政策作出反思，引入“宽严相济”的刑事政策。[③] 但是，这一刑事政策更多是出于实体层面的考量，回应严打期间“从重”的负面效果，对于“从快”的理性反思则较少，及时审判（speedy trial）一度被视为不具备司法理性的行为。这一理念直到我国司法资源变得极度紧张时才逐渐被改变，因为人们开始意识到，对于一些轻罪案件，司法资源的紧张会引发极高的久押不决率。而审判的信息化改革亦成为实现及时审判的载体，为认罪认罚程序等程序分流所运用。但是，及时审判并非完全指向案件的快速审结，其中的几个限度同样需要在刑事司法中得到体现：

其一，适用主体。迅速审判权作为一项被告人的权利，对于其适用主体的扩大化，有学者曾指出，根据美国限制政府和保护民权的基本精神，美国迅速审判权构建的目的是防范政府而非帮助政府。[④] 虽然，我国并未构建及时审判权，但作为一项基本人权，美国司法对此的理解可以为我们提供参照。及时审判权应用于审判的信息化改革，亦需要明确诉讼效率提升的获益者为被告人，而非法院本身。所以，对于适用信息化技术的审判活动，若是出于迅速审判的目的，其适用的决定权应当由被告人享有，法院无权为维护被告人迅速审判权而使用这些信息技术。

---

① 参见吴大华、蒋熙辉：《从重从快方针与死刑限制政策的悖反与调和》，载《政治与法律》2003 年第 1 期。

② 参见唐皇凤：《常态社会与运动式治理——中国社会治安治理中的“严打”政策研究》，载《开放时代》2007 年第 3 期。

③ 参见陈兴良：《宽严相济刑事政策研究》，载《法学杂志》2006 年第 1 期。

④ 参见周宝峰：《刑事被告人迅速审判权研究》，载陈兴良主编：《刑事法评论》第 16 卷，中国政法大学出版社 2005 年版。

其二，适用阶段。虽然美国的迅速审判权并不完全适用于审判阶段，[①] Barker v. Wingo 案[②]仅强调在法官量刑阶段被告人享有迅速审判权，[③] 但在中国这一原则还是需要得到遵照。这是因为，美国的司法过程将定罪和量刑相区分，由陪审团进行事实认定，在这一阶段无法发生拖延的情况，及时审判权只在由法官主导的量刑阶段发生效力。然而，我国的司法体系下，定罪与量刑同属于法官的决策过程，都有可能发生各种原因导致的审判拖延，及时审判权的适用应当包括审判过程，即可以适用于主要发生在审判阶段的审判信息化改革。

三、公正审判原则

公正审判原则作为我国《刑事诉讼法》的一项原则，其核心要义在于“令那些可能受到裁判结果不利影响的人有效参与到裁判的过程之中”，陈光中教授将其归纳为参与原则、中立原则、对等原则、理性原则、终结原则等。[④] 对于审判的信息化改革而言，前四项原则都具有一定的参照意义。

根据参与原则，受到刑事诉讼结果影响的个人，有权利参与到审判的过程之中，并有权提出自己的观点与证据，有权反驳对方的观点与证据，裁判结论需要以此为据而作出。参与原则强调诉讼参与者的法庭亲历性，但是该原则在近些年的实施过程中也发生了细微的异化。[⑤] 例如，审判委员会等其他未经历过法庭审理的参与者对案件的干预，被认为可能会间接地剥夺被告人参与程序的权利。再如，羁押期间的犯罪嫌

---

① 例如，联邦速审法就允许延期审判（continuance）在经过法院核准后可不计入70天审判期限。See 18 U. S. C. A. § 3161（h）（8）（A）.

② 407 U. S. 514（1972）.

③ See Uviller，H. Richard，*Barker v. Wingo：Speedy Trial Gets A Fast Shuffle*，*Columbia Law Review*，Vol. 72：8，p. 1376 – 1402（1972）.

④ 参见陈光中主编：《刑事诉讼法》，北京大学出版社2021年版，第95 – 96页。

⑤ 参见李越、黄渝景：《试论刑事诉讼程序参与原则及其异化初断》，载《法治研究》2008年第9期。

疑人由于处于非法庭的控制之下，很难向法庭直接提出自己的观点与诉求，也被认为是对参与原则的违背。受到参与原则的调整，运用信息化技术生成司法判决的过程也需要将当事人的参与进行重点考量。

根据中立原则，裁判者居于控辩双方之间，应当以一个中立的视角不偏不倚地作出判决。陈光中教授对其解读为，“中立是指有关事项的裁断者或处理者对与该事项具有利害或直接关系的诉讼主体应当保持不偏不倚的态度，不得偏袒任何一方或对另一方持有偏见或歧视”[①]。根据对等原则，庭审程序的参与者在庭审过程中居于平等的地位，裁判者需要给控辩双方以相对等的权利，即控辩平衡。中立原则与对等原则共同构成了对抗式诉讼的形成基础。而在审判的信息化中，司法改革者同样需要遵照这些司法原则。例如，庭审过程中适用某项信息技术时，需要平衡控辩双方所享有的技术特权，使其居于对等的状态，不能因为技术的使用而令二者发生不平衡对抗。在中立原则和对等原则的要求下，不仅需要在实体判决上给予控辩双方公正的结果，还需要在程序上给予二者同等对待。

根据理性原则，法庭审判需要一个冷静且从容的环境，法官需要在一个审慎的状态下作出判决。从学理角度而言，理性原则并非一个专有名词，且目前仅在民事诉讼的相关研究中提及该名词，其大体含义为：司法的过程要与现行法律体系形成逻辑自洽，避免因实用（后果）主义而规避规则，因法律“教条主义”而忽视司法本身的能动性，[②] 最终理性的司法判决的形成需要一个理性的程序。在司法实践中，由于普遍认为法官是一个理性的决策者，而很少谈到这一原则的具体适用，但是这一原则却可以为审判的信息化提供思路。理性原则对应人类的“感

① 参见陈光中、汪海燕：《论刑事诉讼的“中立”理念——兼谈刑事诉讼制度的改革》，载《中国法学》2002 年第 2 期。

② 相关研究可参见廖永安、王聪：《法院如何执行公共政策：一种实用主义与程序理性有机结合的裁判进路——以“电梯内劝阻吸烟案”为切入点》，载《政治与法律》2019 年第 12 期。

性”认知，但又超越于此，讲求司法过程的一个思考过程和平衡过程。引入信息技术以后，这种过程很有可能会被机器替代。那么，机器的理性是否和过去法官的理性毫无差别？机器的理性源自何方？是否会因为技术人员的理性而破坏原本的司法平衡过程？这些问题都将在后续对审判信息化的具体改革中进行叩问，而本章亦试图强调这种司法理性的缺位虽然很少得到学术的关注，但却实然地发生于现有司法实践之中。

第七节 刑事审判信息化的比较观察

一、以美国作为比较对象的缘起

毋庸赘言，审判的信息化已经成为一项全球性的司法趋势。无论是最早惠泽于信息化红利的发达国家，还是试图抓住“信息革命”机遇的发展中国家，都尝试在司法领域进行信息技术的试点。从目前的实践运行来看，欧盟、美国等都在这方面有所行动，本书也将视野放诸国际，从研究的侧重点和可比性上考虑，重点以美国作为比较对象进行观察，挖掘中国在审判信息化建设中的优势与局限。对于为何选择美国作为研究对象，主要有三方面的原因。

其一，中国程序法的发展正逐渐由职权主义向当事人主义演进，而美国一直是刑事司法当事人主义的重点观察对象。早在20、21世纪交接之际，就有学者提出，我国刑事诉讼正朝着英美法系对抗式的当事人主义改革。[①] 近年来，随着审判中心主义等一系列制度的构建，我国《刑事诉讼法》对英美法系之借鉴亦日渐清晰。当前刑事诉讼法学者的研究也大多将英美法系，尤其是美国，作为比较法的研究对象。而审判

① 参见孙长永：《当事人主义刑事诉讼与证据开示》，载《法律科学（西北政法大学学报）》2000年第4期。

信息化作为一项程序法领域的信息化构建，与诉讼规则以及诉讼规则的学术研究有着密不可分的关系，将美国作为研究对象符合法学意义上的观察习惯。

其二，美国的信息化程度极高，从技术的角度而言具有比较观察的意义。1946 年，第一台现代电子数字计算机埃尼阿克在美国诞生，此后，美国开始了在信息技术领域的高速发展，缔造了 IBM、微软、英特尔等多个顶尖 IT 企业，其信息产业在全球保持着领先水平，从技术标准和产业标准而言具有参照意义。中国在信息化技术上的投入亦在不断增加，甚至有赶超美国的趋势。在国家增加信息技术投入的背景下，关于审判信息化，我国与美国的差距正在逐步缩小，甚至有“赶超”的势头，因此，将二者进行比较也就具有了稳固的技术基础。

其三，与中国相类似，美国也有庞大的国土，并且也存在较为复杂的央地关系，这些国情基础在审判信息化研究中尤有意义。对于一个拥有巨大国土面积的国家而言，社会交互曾受到地理位置的影响而多表现为较为局限的地方性特征。但是，随着交通、互联网等技术的发展，人们之间的交往已经不再局限于传统地理限制，随之而来的，便是纠纷的发生在不断地突破传统的地理区划，呈现更为明显的多样性，远程审判等司法的信息手段就有了它独特的国情基础和需求。有学者指出，“现代科技引入司法的重要理由在于，新技术能够从机制设计上解决司法的‘国家性’与‘地方化’矛盾”①。庞大国土所带来的“地方化”问题，也是研究司法信息化时需要重点观察的内容。对于美国而言，地方问题一直影响着司法实践，具有进行比较研究的价值。

① 胡铭、王凌皞：《现代科技引入司法的十大核心问题》，载《中国社会科学报》2019 年 10 月 16 日，第 5 版。

二、中美审判信息化比较

对于我国的审判信息化改革而言，改革实践者主要面对的是来自学术界的评价，集中在因技术先行于制度构建而产生的规则漏洞，很少有民众对此质疑。但与此不同的是，美国审判信息化改革中，民众对于法院等司法改革者的声讨时有发生，并通过集体诉讼等司法途径对信息化改革过程中的利益据理力争。如表 1－2 所示，这些案件的争议主要集中在费用支付、传统诉讼和电子诉讼的选择权、个案公正的保障等方面。

表 1－2 美国法院信息化建设典型争议

争议类型	案源	主要争议内容
改革成本	国家退伍军人法律服务计划等诉美利坚合众国案①	对于电子法院的数据系统以及后续的信息化改革，法院能否要求诉讼参与者为此支付费用
选择权	Smith 等诉 Port Hope School District 等案②	对于已经被电子化的审判环节，诉讼参与人能否要求适用传统的诉讼方式
个案公正	Flores 诉 Stanford 案③	使用电子评估系统，是否会剥夺根据宪法赋予的被告人的个性化评估

虽然，在英美司法机制奉行缓慢增长的传统之下，④ 这些争议并未十分激烈，从社会影响力的角度而言其与中国的“典型案例”概念有所差异，但之所以称为典型争议并对其进行比较研究，是因为这些案件的裁判说理较为典型地表达了美国司法部门以保护法院信息化建设作为价值依据，可以直观地表现中美两国在信息化改革过程中的宏观立场

---

① 291 F. Supp. 3d 123.

② 407 F. Supp. 2d 865.

③ 2019 WL 4572703.

④ See Mirjan R. Damaska, *The Faces of Justice and State Authority*: *A Comparative Approach to the Legal Process*, Yale University Press (2009), p. 91－92.

差异。

（一）改革成本

在国家退伍军人法律服务计划诉美利坚合众国的集体诉讼（National Veterans Legal Services Program, et al. v. U. S.）中，原告方主张，法院电子数据公众访问系统（Public Access to Court Electronic Records, PACER）的收费标准明显高于该系统的运营成本，违反了美国《电子政务法》。该案的基础问题在于，美国的信息化建设以一种较为温和的方式推进，周期较长，在长线投资之下，投资者无法及时得到收益，所以国家财政无意对司法信息化建设提供充足且持续的财政支撑，需要地方法院通过自身收支平衡进行维护。①

1988 年，PACER 系统开始进入实验试行阶段。两年后，由于该系统运行过程需要耗费大量成本，原先的司法拨款已不再能覆盖这些支出，美国司法会议批准了公众需要以付费的方式进行电子访问 PACER 系统的法案，并公布了明确的基础费率表以规范各个地方法院的收费情况。但是，这项收费内容在 20 世纪 90 年代以来一直受到争议，争议点主要在于，民众认为其只需要对使用该系统的成本进行付费，但信息化改革的推动者则认为民众不仅需要对该系统的成本支付费用，作为信息化系统未来的潜在收益人，民众还需要为其边际成本以及未来信息化系统的研发提供资金支持。2002 年，美国《电子政务法》批准实施，但其仅对这一电子数据访问系统可以征收一定的成本费用作出规定，未对成本费用包含哪些内容作出诠释。此后，虽然 PACER 系统的收费问题存在争议，但信息化带来的便捷性促使公众继续使用该系统，其收取的

---

① 一如 Karl Marx 所言，美国社会的演进过程中，国家已被简化至资本主义社会中的最小程度。

款项也大大超过了原本计算的成本。[①] 针对超出成本运营的经费如何使用的问题，在国会的推动下，美国司法部 2006 年的财政计划提出了建立公众电子访问计划（Electronic Public Access，EPA）的设想，集中收取公众使用这些电子数据系统的费用。这些费用一来可以用于现有系统的运营和维护，二来可以充入司法信息技术基金，以推动后续信息化技术的研发与制作。然而，不到一年，即 2006 年年底，从公众处收取的费用除了支付公众电子访问计划以外，还多出了 3220 万美元余额。一直到 2016 年，[②] PACER 系统已经可以年均创收 1.464 亿美元。面对如此之多的收益，美国司法部门在保持原有定价的状态下，开始扩大 EPA 经费的使用范围——除了用于支付 PACER 系统本身的费用，还用于支付网络陪审团、法庭技术、其他信息化系统的开发等一些与此相关的费用。但是，民众对其声讨也随之引发。民众认为，这一系统的研发起始于国家财政的保障，其数据也来自民众的纠纷处理结果，这本该属于公共资源，但最终成为法院的一种盈利手段，除了基本的维护费用以外，民众不该为其他信息化建设埋单。然而，法庭最终驳回了原告的大部分请求，判定 PACER 系统收费内容具有合理性。

这一案件集中展现了美国信息化建设中的经费问题。在我国，所有的信息化建设都以国家财政或地方财政的形式划拨到试点法院，[③] 无论信息化系统的使用效果如何，民众都无须为此支付额外的费用，电子诉讼的费用遵照传统的诉讼收费进行管理。从社会契约的角度而言，这种经费支付模式接近于让全社会共同分摊改革成本。但美国的司法改革成

① 因为在一开始的定价过程中，美国司法部门并未想到信息技术对社会的巨大影响，低估了系统的受众范围，使单价偏高。

② 特指 2016 财政年（FY2016）。

③ 有关我国司法改革经费的来源可参见张洪松：《独立、问责和支配的统合：中国司法经费管理体制改革的政治分析》，载《思想战线》2019 年第 2 期；廖钰、王肖：《关于省以下地方法院经费保障制度的调研——基于“省级统管”改革背景下的现状检视和体系重构》，载《中国应用法学》2018 年第 1 期；李帅：《司法改革中“央—省”二阶独立司法预算的构建》，载《云南社会科学》2015 年第 5 期。

本分摊的逻辑在于，国家财政只支付一小部分的研发费用，在日后的维护以及新功能的拓展上，需要由具体使用者对此进行支付。虽然这种模式引发了人们对于收费标准的广泛争论，但却可以从经费上推动信息化建设向符合民众需要的方向发展，挖掘改革的最大功用，进而得到了美国司法部门的认可。

（二）选择权

对于已经被电子化的审判环节，诉讼参与人能否要求适用传统的诉讼方式也成为美国信息化改革过程中的特殊议题。在 Smith 等诉 Port Hope School District 等案中，其中一位被告人的律师 Drillock 要求免除法院提出的提供电子文件的要求。她认为，作为一个已经 15 年不参与诉讼的律师，如果按照法院的要求提供这个电子文件，就需要她注册相应的 CM/ECF 数据库并持续为此支付费用，对于该案而言，这一电子文件可以用纸质的形式代替，法院不能因为意图推行电子化而加重律师的负担。但是，法庭驳回了该律师对纸质材料的选择的请求，认为当前（2006 年）美国各地使用 CM/ECF 数据库的律师的比例已经达到 89%，并且这一数字还在迅速增长中，未来将会达到 100%。如果准许了 Drillock 律师的请求，将很有可能停滞这项信息化改革。而且电子文件的传送还牵涉其他许多信息化数据库的建立，总的信息化进程也会因此受到影响。法庭还认为，进入联邦法院的法官应当具备必要的知识和工具，至少在该地区，律师需要具备以电子方式提交和接收法院文件的能力，否则会影响为当事人辩护的有效性。[①] 最终，该律师由于无法提出抗拒现代化技术的正当理由，也不属于无能力投资新设备或对技术有厌恶心

---

① "Lawyers venturing into federal court are expected to be equipped with the necessary knowledge and tools to represent their clients adequately. That includes knowledge of the local rules and an ability to research federal law, which itself requires access to an up – to – date federal law library by means of hardcover books or (as the trend seems to be) on line. It now also requires, at least in this District, the ability to file and receive Court documents electronically." 407 F. Supp. 2d 865.

理，而需要继续提交电子文件。

在我国，审判的信息化方式多以自愿选择的形式进行规定，虽然司法实践中存在“默认同意”等有违当事人意愿的情形，但至少当事人可以由此提出抗辩。在美国的司法体系下，电子化系统的使用多以强制性规则的形式进行规定，其立法思路在于，是否信息化由法院决定，除非当事人举证证明该项内容影响了其基本权利，否则需要高度遵照这一“程序契约”。

（三）个案公正

本书智能裁判章节将谈到一个犯罪嫌疑人的风险评估软件（COMPAS），该软件由于算法黑箱问题而被认为违反了程序公开原则。但关于该软件的争议并非仅此一处，在 Flores 诉 Stanford 案中，原告方就直指该软件违背了宪法规定的有关个性化评估的权利。原告认为，通过 COMPAS 这一类事先由商业公司所制作的机械化的软件来评估青少年这一特殊群体的犯罪率，无法表明是否考虑了少年犯罪率趋势和青年人的人群特征，假释委员会依靠这类固定模式的算法来评估风险，显然没有对具体案件作出具体判断，这会剥夺宪法赋予的个性化评估权利。该争辩点的关键在于，电子化的风险评估软件虽然可以提高司法效率，但也会因为过于机械化的处理而难以实现个案公正——司法公正应当通过充分的法庭对抗生成，而不能指望机器批量化产出。①

对于中国司法体制而言，美国司法改革所面临的个性化权利较为特殊。一方面，我国现阶段的司法体制意在推动“统一的司法标尺”，希望各个案件在裁判中都能得到平等对待，而个性化的处理在我国现阶段的司法状态下会被视为特权。另一方面，信息化的软件在我国实体结果判断上的影响尚小，尚未引发争议。

---

① See Stone J., *Man and Machine in the Search for Justice.* Stanford Law Review, Vol. 16: 3, p. 515 -560.

（四）小结

从美国在法院信息化建设过程中所发生的案件来看，其信息化改革大致具有以下特征：第一，国家对信息化建设的经费投入极为有限，需要依靠民众的资本来维系这些电子设备的运行及发展。第二，民众在接纳信息化带来的便捷之外，也会广泛地对此提出异议，这些异议包括传统权利的减损和对新型技术的支出两个方面。第三，美国法院试图将信息化审判作为一项长期发展的计划逐步推进，且并不具有明确的改革主题，其改革声势和力度与中国全然不同。

三、差异化的原理

在比较视域下，中美两国在此轮信息化改革中表现出了较大的差距，究其原因，在于两国对于审判信息化改革的不同定位和方式。其一，司法的国民认可度有所差异。总体而言，中国民众对于司法的满意度正处于一个不断上升的过程，尤其是在“依法治国”的背景下，这种趋势更加明显。有学者曾指出，衡量司法公信力的量化维度包括信任度、美誉度、互动性三个方面，其中最关键的因素为司法不公、司法腐败、刑讯逼供等，[①] 中国司法改革也正在这些方面不断改进，以提升民众的司法信任感。然而，相较于这些内容的司法改革，信息化改革显然更边缘化，在紧迫性和重要性上次于其他的司法改革。因而，只有将其“隆重化”，才能使其得到更多的司法资源和关注。而美国民众对于司法的评价已经趋于一个相对平稳的状态，信息化改革不存在与其他司法改革争夺资源的情况，过分强调改革反而会引发社会恐慌。

其二，“隆重化”也就意味着强大的政治意志，否则在“中央—地方”的利益驱使下，地方很难作出积极的响应。在中国的历史进程中，

---

① 参见胡铭：《司法公信力的理性解释与建构》，载《中国社会科学》2015 年第 4 期。

20世纪90年代，分离军队的商业经营职能就是依靠政治意志推动改革最典型的实例。在当时，从军队中剥离商业经营职能因被认为牵涉过多的利益而很难推行，中央的改革决心和地方的利益存在矛盾，但最终动用了众多制度力量，历时八年完成了这一职能的剥离。有学者对此评价，在巨大的既得利益面前，只要有足够强大的政治意志，中国的政治机制就有能力推动这项改革落实。① 而此轮信息化改革亦是如此，法院信息化建设需要大量的财政支撑，与其他改革内容相比这项改革对于地方利益的推动力较弱，"隆重化"后的改革有更为强大的政治意志背书，在落实的过程中也可以对抗更多因地方利益而产生的博弈。相较于我国的政治体系，美国作为联邦制国家，其各地方的主导权较大，改革的决策思路也就有所不同。

其三，从改革的监督效能而言，"隆重化"的改革可以让更多的社会力量聚焦于此，除普通民众外，还有专家、学者等一系列外部监督力量介入其中。显然，与美国的司法体系相比，我国由审判的信息化衍生的纠纷极为有限，当事人至多在上诉救济过程中提出异议，而无法单独起诉。但是，这种相对内部化的改革又直接影响当事人的诉讼权利。虽然如本章第四节所言，这些当事人可以间接地影响改革过程，但这种影响能力较弱，其只能借助其他外部力量来对改革的效果作出评价、对改革的漏洞作出修复。此时，"隆重化"的改革内容就可以吸引众多学者、专家的关注，最直接的表现就是，近年来获批国家社科基金、中国法学会项目的课题中有一大部分与此相关。此时，改革的评价群体得到了扩展，充分调动了各改革利益群体的监督力。

综上可以看出，中国在审判信息化改革的思路和立场上具有有别于他国的特征，这也构成了我国审判信息化改革基础的特殊性。从本书后续章节中可以发现，这些改革基础影响着具体的信息化改革，也为我们解读、评价、优化这些实践内容提供了更广阔的视角。

---

① 参见郑永年：《大趋势：中国下一步》，东方出版社2019年版，第92页。

第二章　刑事审判信息化与远程审判

在2020年年初新冠肺炎疫情影响下，为了防止人员聚集，降低人际感染风险，以远程视频技术为基础的远程诉讼在众多法院被大量适用。[①] 作为审判信息化的构成内容，远程诉讼突破了审判活动发生于法庭之上的传统，通过网络技术、视听处理技术等手段拓展了审判的地理维度，拓宽了法官在庭审中获取案件事实的渠道，在刑事司法实践中得到了应用。但是，在这种远程诉讼提升司法效率的背后，学者产生过许多忧思，远程诉讼大体遵照传统诉讼规则的司法现实，唤求对此作出更为精准的定义与判断。本章从远程诉讼的内涵与特点入手，结合直接言词原则的原则性要求，对刑事司法中五类适用远程视频审判的典型情形作出评价与检视，进而以一个更为宏观的视角对远程诉讼作出规则解读和提出优化建议。

第一节　远程审判的概述

一、远程审判的内涵

远程审判，又称远程诉讼、视频审判，是指运用远程视频进行的审判或与审判相关的活动。具体而言，上海市第二中级人民法院发布的

① 参见孙航：《疫情防控期间智慧法院建设成果红利充分释放》，载微信公众号"最高人民法院"2020年4月14日，https://mp.weixin.qq.com/s/HWDKC-ufPEHJYhyRC79Wew。

《关于案件远程审理工作的若干规定（试行）》指出，远程审判是指"通过计算机及网络技术建立的声音、视频图像传输通道及终端设备等，人民法院审判人员与当事人、诉讼参与人分别在法庭及远程审理点同步完成提审被告人、接待当事人、开庭审理、开放宣判等审理活动"①。早在2001年《国家"十五"计划期间人民法院物质建设计划》就提出"有条件的高、中级人民法院，可以利用现代科学技术手段，积极探索远程举证、质证、远程诉讼等现代化审判方式"。但是，现有的法律条文却并没有对远程审判的具体内涵作出明确的界定和定性。而从学术界的相关作品中我们可以发现，学术界对远程审判内涵的界定大致有两种不同的观点。

第一种观点认为，远程审判是一种全新的审判形式。主张该观点的学者较多，例如，宋朝武在论及电子司法的过程中，将远程审判定位为"通过视频和声音传输技术实现诉讼当事人双方之间在不同的地理位置能够同时参加同一审判活动的新型的审理形式"②。在他看来，传统的诉讼过程是在特定的剧场式场景下所进行的对抗，但是，远程视频等审判模式却突破了这种界限，在司法平衡、公民隐私权、直接言词原则以及辩论全趣旨等方面都与传统司法的制度适用情况不同，是一种社会信息化之下的制度性创新。段厚省亦主张类似的观点，其文章指出，远程审判所处的空间并非传统的物理空间，诉讼参与者通过全新的交往方式进行交流，是一种全新的审判形式，传统的诉讼规则无法适用于远程诉讼。③ 因此，他认为，面对这一新型的审判形式，一方面需要对程序法理进行重新诠释和发展，另一方面需要在法律与技术之间建立风险保障机制，以减小新型审判模式对传统诉讼规则的冲击。在这些学者的观点

① 参见梁坤主编：《信息化时代庭审方式变迁的实证研究》，清华大学出版社2018年版，第7页。

② 参见宋朝武：《电子司法的实践运用与制度碰撞》，载《中国政法大学学报》2011年第6期。

③ 参见段厚省：《远程审判的双重张力》，载《东方法学》2019年第4期。

之下，由于远程审判是一个全新的审判形式，所以其对应的传统诉讼规则对其并不当然地发生效力，需要根据远程审判的新特征在制度层面作出新的回应，建立一个全新的诉讼规则。

第二种观点认为，远程审判是对原先诉讼形态框架的丰富和补充。例如，廖元勋认为，远程审判是对传统诉讼的补充，一些制度需要通过一定优化以适应其发展。[1] 薛永慧认为，远程视频审判只是令诉讼参与人在同一时间内处于不同的地点进行审判活动，从逻辑上来讲诉讼参与人还是处于相同的审判庭中，这是对传统诉讼形式的延展。[2] 谢欣认为，远程审判是对“传统庭审方式的延伸和补充”。[3] 在这些学者的论述中，远程审判作为传统审判形式的一种补充或延伸，所使用的规则大体上与传统的诉讼规则一致，但是由于其具有新的技术因素，对于传统的诉讼规则具有一定的冲击，需要在一定程度上对其作出调整。

这两种观点都具有讨论的空间。无论是将远程审判视为一种全新的审判模式，还是将远程审判视为对传统诉讼形态的补充和延展，都无法回答当前在传统诉讼规则没有进行扩充或修改的前提下，适用远程审判的正当性的问题[4]。对于国家法律运行体制而言，司法机关的相关司法解释、法庭规则的构建需要在法律的框架内进行，在远程审判无相关法律规定的情形下，如果认为远程审判的相关制度规则有别于传统的诉讼规则，那就意味着这些规则是对现行程序法的突破，因而也就不具备法律效力，远程审判在某种意义上是一种无效或部分无效的审判模式，经过远程审判的案件也因为程序瑕疵而可能在结果上无效或部分无效。然

---

① 参见廖元勋：《网络视频在远程审判中的运用》，载《中国审判》2008年第10期。

② 参见薛永慧：《海峡两岸远程审判合作刍议》，载《台湾研究集刊》2014年第6期。

③ 参见谢欣：《远程审判——传统审判方式的延伸和补充》，载《天府新论》2019年第1期。

④ 目前，除了《民事诉讼法》对远程审判（在线诉讼）相关实践予以吸收和调整外，《刑事诉讼法》《行政诉讼法》尚未对此作出修改。尤其是本书重点讨论的刑事远程审判，其在法律层面仍处于效力不明的状态。而在2023年《民事诉讼法》修正前，民事远程审判也先于法律制度的确立而运行，曾同样面临程序法定层面的规则缺失的质疑。

而，如果将其视为全新的诉讼形态，并呼唤新规则的修改和产生，那么这一新规则的法律地位也存疑——如果是三大诉讼法中的新规则，那么这是普遍性的一般程序还是特别程序；如果是低于三大诉讼法的法规，那么如何界定远程诉讼与传统诉讼形态的地位差别和适用条件。审判的信息化建立在对现行法律规则的遵照之上，这种对远程审判的定性实属不妥。本书认为需要引入第三种观点对远程审判内涵进行界定：在整个诉讼法律体系之下，远程审判只是审判人员在庭审中获取案件相关信息的一种新手段，诉讼形态并未发生改变，依然需要受到原先诉讼规则的调整。本书主张该观点的理由有三：

其一，“远程审判”虽然在名称上兼具“审”与“判”的双重功能，但在实践中还是以“审”为主，主要功能在于服务审判人员在庭审中获取信息。在信息技术中，信息获取能力是信息能力的基础内容，其中，信息获取是指“围绕一定目标，在一定范围内，通过一定的技术手段和方式方法获得原始信息的活动和过程”①。对于远程审判而言，其目标在于给予诉讼参与人以充分的诉讼权利，使法官在此基础上获得与案件相关的信息，进行事实认定。所以，远程审判技术只是庭审过程中收集信息的一种手段，而非一种新的诉讼形态。

其二，无论是刑事案件、民事案件还是行政案件，三大诉讼法都未从空间意义上对“到庭”“出庭”进行明确的定义和规定，远程诉讼在地域上的差异性并未突破诉讼法的相关规定。在远程诉讼中，除了后文将单独论述的互联网法院外，② 其他所有的远程审判的最大特征都只是在空间上的突破。但是，这种空间上的差异仍可以认为当事人同处于同一法庭，法庭的实质性活动依然以法庭为中心，审判权的运行场所也是法庭。适用远程视频审判案件的判决书多记载为“通过远程视频的形式

① 参见梅龙宝：《大学信息技术》，电子科技大学出版社2007年版。

② 互联网法院“异步审理”模式规定，在24小时内作出答复即为“不间断”，事实上这已经突破了时间效力。

出庭”，将远程的法庭参与视为出庭的一种形式。事实上，现行法律确实并未对“出庭”方式进行明确的区分，在远程审判下，审判结构、审判顺序和步骤都可以遵照三大诉讼法及法院组织法的规定确定，从法律调整的角度而言，并无新的因素需要突破。

其三，将远程审判界定为一种信息获取环节的新渠道，是对传统诉讼规则的认可，令司法实践有法可依，实践与立法之间得以衔接。司法改革触发于社会发展与司法实践存在脱节之现实，由其产生、受其推动。[①] 但是，司法实践作为“运用法律”的过程，其滞后于社会发展包括两种情形，一种情形是运用的手段、方式的滞后，另一种情形是法律的滞后，因此可以将司法改革或司法试点分为技术性试点与制度性试点两个不同的方向。技术性试点目的在于更好地实现现有的制度框架，以技术改革推动制度实效的发挥，这种改革或试点需要严格地遵照现行的制度；而制度性试点的目的在于优化或扩充制度本身，并且赋予这种试点一个制度真空的状态。但是，远程审判更多的是对远程视频的应用，是一种新的技术应用，属于技术性试点而非制度性试点。若将远程审判定位为新的诉讼形态并唤之以新的诉讼制度，则是将技术性试点与制度性试点进行了混淆。

从司法权运作的角度而言，远程诉讼在诉讼形态上并不属于新形态，传统的诉讼原理和原则也同样对其适用。并且，更为重要的是，其基础在于将远程审判定位为一种审判福利，无论是赋予法官群体的福利，还是赋予当事人和其他诉讼参与人的福利，都需要以传统的法律作为前提和遵照。所以，在面对远程诉讼所引发的新问题时，不应当立即触发对法律的调整或修改，而是需要在现有的法律框架内，对会产生新问题的远程诉讼场景进行限定与控制，防止因审判权下的福利而减损审判权本身。因此，这也构成了本章行文之基础——对于可能减损审判权

---

① 参见蒋惠岭：《司法改革的知与行》，法律出版社2018年版，第117－118页。

运行效果的远程审判应用，需要作出调整或取缔。

二、远程审判的特征

（一）远程性：远程审判的首要特征

毋庸赘言，远程性是远程审判的首要特征，也是其最显著的特征。在实践中，这种远程性可以表现为法院内部的远程化和法院外部的远程化。法院内部的远程化可将证人或其他诉讼参与人置于该法庭以外的场所，借助其他地方法院的场所进行远程审判。法院外部的远程化则是通过与监狱、看守所、检察院等部门联网构建远程视频网络进行审判得以实现，远程性也是远程诉讼有别于其他审判信息化改革的重要特征。远程审判的构建初衷是解决因空间层面的限制而导致的审判时间等影响审判效率的问题和证人出庭等影响审判质量的问题。① 而通过网络或电视电话人为地增加一个庭审入口，拓展了需要在同一空间下进行审判的场景，这种拓展构成了远程诉讼利用信息网络优势吸引司法实践的首要特征。

（二）效率性：远程审判的功能特征

信息化作为一种社会发展的推动力，其目的在于解放生产力，提高生产效率。从实现司法效率的角度而言，远程诉讼是实现这一功能的重要载体。早在2008年，杭州市西湖区人民法院就首次通过网络技术进行远程视频审判。其认为，交通负担重、法院警力薄弱、押解被告人的不安全因素是影响审判效率的三大困境，加重了法院的司法成本，也使判决的及时性受到挑战。② 通过与看守所搭建网络传输系统进行审判，

---

① See Davide Carnevali & Andrea Resca, *Pushing at the Edge of Maximum Manageable Complexity: The Case of Trial Online in Italy*, *The Circulation of Agency in E – justice*, Springer, 2014, p. 163 – 164.

② 参见《被告人在视频里听审》，载《浙江法制报》2008年6月20日，第1版。

可以有效解决上述问题，我国基层法院使用远程审判的历史帷幕由此拉开。从远程视频审判应用的多年实践来看，基层法院以及中级法院的一审案件使用远程视频方式较多，基本符合我国现阶段一审法院较重的司法负担之现实。因而，从功能视角而言，效率性构成了远程诉讼的一大特征。

（三）技术性：远程审判的实质特征

技术对于远程审判的价值毋庸多言，网络传输系统、语音转换系统、人脸识别系统、视讯播放系统等语音、视频的传送、处理、播放技术共同构架起了远程审判的基础，人们在推介远程视频审判时，无不对此赞誉有加。技术性对于远程诉讼的重要性更在于——远程诉讼的远程性、效率性有赖于技术，同时技术的发展局限也会带来一定的困境，得失之间，技术性成为了其实质特征。一方面，有学者在对远程诉讼与其技术基础的研究中表示，远程诉讼高度地依赖于技术的发展，技术的困境同样会在远程诉讼的司法运作中得以保留。[①] 另一方面，即便技术发展水平相当，对于技术的认知差异也会影响远程诉讼的司法运行。例如，在目前远程视频审判的使用过程中，对技术持保守态度的法官往往审慎使用远程视频开庭，在一些法院，年轻法官居多的刑事审判庭使用远程审判的比例明显高于中年法官居多的刑事审判庭。因而，无论是学界还是实务界，都默许了在当前发展阶段，远程审判对于技术的依赖性和局限性，从实质而言，其仍是一种依赖传统庭审过程的技术性处理，在对其审视和评价时，亦无法超越传统的诉讼原理和审判原则。

---

① 参见段厚省：《远程审判的双重张力》，载《东方法学》2019 年第 4 期。

第二节 直接言词原则

直接言词原则是近代资产阶级启蒙思想家为反对封建司法擅断而提倡的诉讼原则。[①] 1877 年德国《刑事诉讼法典》将直接言词原则作为一项基本原则进行确定,[②] 这也是直接言词原则首次以国家法律的形式被确定。在具体的规则条文层面，德国《刑事诉讼法典》第 266 条规定，法官需要亲自接触案件，和案件建立最直接的关系，法官应当基于庭审活动中直接获得的以言词方式展现的诉讼材料作出裁判。[③] 直接言词原则可分为直接原则和言词原则，二者既有所重叠，又有不同之侧重。

一、直接原则

直接原则，即直接审理原则，对其具体内涵，我国学界有着不同的观点。有学者认为，直接原则包括在场原则和直接采证原则。在场原则要求，除非极为个别的特殊情况，所有的诉讼参与者都必须亲自出庭在场。直接采证原则要求，法官需要亲自到庭，对诉讼参与人的陈述及证据进行直接的接触和判断，只有法官直接接触和判断过的证据才可以作为定罪量刑的依据。[④] 也有学者认为，在场原则和直接采证原则分别只是直接原则的其中一项内容，作为一项司法权运行过程中的原则，直接原则还应当包括法官的自主裁判原则。自主裁判原则主要强调了法官对于裁判的自主性，法官的判决是在其意志下作出的，需要排除他人意志

---

① 参见劳东燕:《论言词、直接原则》，载《法学》1998 年第 2 期。

② 参见张卫平主编:《外国民事证据制度研究》，清华大学出版社 2003 年版，第 155 页。

③ 参见《德国刑事诉讼法典》，李昌珂译，中国政法大学出版社 1995 年版，第 95 页。

④ 参见陈瑞华:《刑事审判原理论》，北京大学出版社 2003 年版，第 161－162 页。

以及他人意志的间接表达。[1] 这一观点也被较多学者所采纳，[2] 认为直接原则包括在场原则、直接采证原则和自主裁判原则三个方面。我国台湾地区学者林钰雄教授亦认可此观点，其认为，直接原则不仅包括法官亲自践行审判过程，依据自己亲身调查的证据作出判断，还需要法官始终在场，不间断地参与审判，更需要确保主体的一致性，不能代替他人或者由他人径行替代。[3]

虽然，各学说对于自主裁判原则是否归入直接原则的观点有所差异，但各种学说都强调了法官在司法审判过程中需要直接接触和审查各种证据，即强调司法的亲历性，但其适用范围亦有所侧重。[4] 其一，司法的亲历性主要适用于一审阶段。由于一审的定位在于全面审理，事实真相的查明需要依赖于司法的亲历性，而到了二审等其他阶段，诉讼参与人直接或间接地经历了一审，了解到了一审的信息，再次作证容易受到其他证据信息的影响，[5] 此时司法的亲历性已经不能够发挥重要的作用。

其二，司法的亲历性仅在于普通程序和特别程序的适用，而不对简易程序作出严格的要求。有学者认为，简易程序主要面向“案件事实清楚、证据确实充分”以及被告人认罪的案件，此时事实认定并非法庭关注的焦点，法庭的重点在于法律的适用，亲历性重在对事实的认定，量刑等法律适用的过程并不必然地对其作出要求，[6] 所以在简易程序中法庭的亲历性可以有所松动。笔者较为认同该学者的观点，但该学者只是

---

① 参见宋英辉、汤维建主编：《证据法学研究述评》，中国人民公安大学出版社 2006 年版，第 113 页。

② 例如，专门著书探讨直接言词原则的学者就以此作为其著作的理论基础，参见包献荣：《以审判为中心与直接言词原则》，中国政法大学出版社 2018 年版，第 5－6 页。

③ 参见林钰雄：《严格证明与刑事证据》，台北，学林文化事业有限公司 2002 年版，第 48 页。

④ 参见朱孝清：《司法的亲历性》，载《中外法学》2015 年第 4 期。

⑤ 参见龙宗智：《论建立以一审庭审为中心的事实认定机制》，载《中国法学》2010 年第 2 期。

⑥ 参见朱孝清：《司法的亲历性》，载《中外法学》2015 年第 4 期。

从事实认定和法律适用的角度对法庭亲历性的侧重作出了界定，而在司法实践中，并非所有的简易程序都无须对事实作出认定。尤其是在适用简易程序审理的认罪认罚从宽案件中，当事人主观的认罪意愿是法庭需要审理的重要事实内容，也是进行简易程序的基础。如果当事人的认罪意愿真实，那么适用简易程序没有问题；如果当事人是受到胁迫而认罪，那么就有可能需要将案件转换为适用普通程序进行审理。所以，虽然这些从宽的案件从进入庭审时就采用了简易程序进行审理，但对于当事人主观意愿真实性的审查从实质上来说并不能确定简易程序适用的合理性。所以，并非简易程序的所有阶段都无须对法庭的亲历性作出严格要求，尤其在当事人意愿的确认等环节，还需要遵从司法的亲历性和直接审理原则的要求。

其三，在庭审前、庭审中、庭审后的各个审判环节，司法的亲历性只对庭审过程发生作用。司法的亲历性作为直接审判原则的内核，统摄的范畴在于审判活动本身，虽然本书对于审判的定义不局限于庭审活动，但直接原则所面向的审判活动亦仅指狭义的审判（庭审中），庭审前、庭审后则一概不再受亲历性之约束，可有所让渡。

由上可以看出，直接原则作为一项审判原则，在司法活动运行过程中强调法官与其他所有诉讼参与人都必须当庭亲历，判决的作出也需要依赖庭上所得、所证。然而，直接原则又并非一项统摄审判全过程的原则，它主要发生在承担事实认定的一审环节，除了对普通程序、特别程序需要重点规制外，简易程序中可适当有所宽松，庭审前、庭审后的审判环节也无须严格遵照。

二、言词原则

言词原则，即言词审理原则。有学者认为，言词原则来源于英美法系，意在强调庭审、证人出庭、口头证据、讯问和交叉询问的重要性。[①] 与言词原则所对立的是书面审理。书面审理兴起于教会法时期，为了便于事后能够依据庭审记录进行追责，法院审理案件时要求各方当事人提交书面材料，并根据这些书面材料作出判决。《教皇应诺二世教令》中就提到，诉讼需要以书面记录为依据，没有书面记录的诉讼无效。[②] 然而，书面审理的方式也暴露了许多问题。第一，书面审理需要对方不断地提交答辩令状，司法效率不高；第二，书面审理无法实现过程的公开，由法官较为隐秘地作出判断，裁量权的约束力不足，容易产生司法腐败；第三，就裁判的过程而言，书面记录的内容的真实性很难得到验证，对于事实真相的还原也存在困境。因而，到了19世纪后半叶，口头审理方式开始替代书面审理方式而登上历史舞台，[③] 言词原则也逐渐被奉为一种现代司法理念。

言词原则的具体内涵，主要包括两个方面。其一，庭审的过程需要以言词的形式进行。由于口头审理是对书面审理的进益，言词原则要求在庭审之上控辩双方具有充分的对辩过程，从对辩的内容、对辩人的神态等方面进行事实的还原和判断。其二，定罪量刑的证据材料需要在法庭审判的过程中以言词的方式出现。言词原则期望通过法庭的口头审判令陈述者的本意与感情得到清晰的展现，[④] 并因此在法官脑海中形成新鲜的印象，从而有利于对实体真相的发现。[⑤] 虽然言词原则与直接原则在内涵上具有不同的侧重，但二者又相互贯通。[⑥] 在庭审过程中，言词

---

① 参见赵西巨等：《言词原则与民事诉讼改革：基于域外法的观察》，载《证据科学》2015年第5期。

② 参见何勤华主编：《法国法律发达史》，法律出版社2001年版，第428页。

③ 参见段文波：《一体化与集中化：口头审理方式的现状与未来》，载《中国法学》2012年第6期。

④ 参见卞建林：《直接言词原则与庭审方式改革》，载《中国法学》1995年第6期。

⑤ 参见宋英辉、李哲：《直接、言词原则与传闻证据规则之比较》，载《比较法研究》2003年第5期。

⑥ 参见陈永生：《论直接言词原则与公诉案卷的移送及庭前审查》，载《法律科学（西北政法大学学报）》2001年第3期。

的表达需要诉讼参与人直接作出，对言词的采纳需要法官直接进行判断。故而，直接原则是言词原则的基础，二者所具有的不同内涵在具体的司法实践中需要进行有机的应用。

三、科技对直接言词原则的影响

随着科学技术的发展，传统的直接言词审理方式受到挑战，直接言词的作用也被削弱。在法国，直接言词原则就因为当事人、证人通过电话、视频等方式的参与而发生了一定的变化。在一些诉讼参与者到庭的花费超过其在诉讼中所获得的金额的案件中，直接言词原则不再要求诉讼参与者位于同一物理空间之中，诉讼参与者通过电话、视频等方式进行的发言也被视为直接言词的一部分。[①] 然而，这也仅存在于法国的司法实践之中，法国《刑事诉讼法典》第427条规定了法官裁判案件的依据只能是经过当庭质证的证据，并未明示庭外以远程视频等方式呈现的证据能否作为裁判的依据。法国作为直接言词原则的起源地之一，其直接言词原则呈现出司法与立法两个层面的差异性，远程诉讼在司法中得到了实践，却并未从立法的角度被认可。

与法国立法者的谨慎态度类似，我国学者对直接言词原则的研究方面，也对科学技术的介入持相对保守的态度。面对科学技术与直接言词原则的冲突，尤其是二者在法庭亲历性上的差别，有学者认为，虽然远程视频等一些先进的科学技术为司法提供了便捷，可以观看到当事人的动作、神态等内容，令观看者身临其境，但是，这种“亲历”却是一种间接的亲历，与严格意义上的亲历性存在差别。[②] 在将亲历性乃至直接言词作为一项原则的司法活动中，将具有直接亲历性的合议庭与间接亲历性的审判委员会进行结合并无不妥，但也只能适用于少量重大疑难

---

① 参见包献荣：《以审判为中心与直接言词原则》，中国政法大学出版社2018年版，第33、42页。

② 参见朱孝清：《司法的亲历性》，载《中外法学》2015年第4期。

复杂案件，对于普通程序，这些远程的视频在亲历性上并不完整。因而，科技对直接言词原则具有一定的冲击，虽然这种冲击并不巨大，甚至在司法实践中也得到了一定的默认，但从规范意义上来说，仍然需要厘清具体的技术危险，在具体的适用过程中作出具体的评价与优化。

第三节　刑事远程审判的实践样态

一、刑事远程审判的总体概述

与澳大利亚等国家远程审判在刑事审判中率先被大幅应用类似，[①]我国远程审判的兴起也主要集中在刑事司法领域。在中国裁判文书网的案例库中，裁判文书中明确提及使用“远程视频”的案件，刑事案件的数量明显多于其他类型案件的数量。这一现象在调研中亦得到了证实。在东部沿海地区法院受理的案件中，民事案件双方当事人多主张当庭对抗，刑事案件使用远程视频的频率高于民事案件。早在 2013 年，最高人民法院首次以司法解释的形式确定了通过远程视频方式进行审判的司法效力。根据该司法解释，证人作证、质证以及讯问被告人、宣告判决、刑罚变更案件的审理都可以通过远程视频方式进行。随后，在 2014 年，两项与远程审判相关的改革正式推进。

其一是《最高人民法院远程视频接访规则》的施行。早在 2008 年，最高人民法院就开始尝试将远程视频运用于死刑复核程序，[②] 而在 2014 年后，最高人民法院开始与地方法院进行更高密度的远程视频应用。2014 年 4 月，最高人民法院开始对涉诉信访的形式进行试点，从原先走访式的信访活动逐渐向线上转变，涉诉信访人员可以向一审法院或上

---

① See Anne Wallace, *Virtual Justice in the Bush: The Use of Court Technology in Remote and Regional Australia*, Journal of Law, Information and Science Vol. 19: 1, p. 1 - 21 (2008).

② 参见廖元勋：《网络视频在远程审判中的运用》，载《中国审判》2018 年第 10 期。

级法院提出申请，经审核通过，可以直接与最高人民法院进行远程视频约谈。

其二是速裁程序的试点。2014 年 8 月，最高人民法院、最高人民检察院会同公安部、司法部制定了《关于在部分地区开展刑事案件速裁程序试点工作的办法》,[①] 深圳、杭州等地开始将视频提讯、视频开庭等远程审判模式引入速裁案件的试点工作之中，各地看守所与人民法院之间的远程视频网络在此时开始建立。而 2017 年刑事与民事诉讼中远程视频的增量适用，也与相关规则的出台紧密相关。2016 年 1 月，“智慧法庭”被首次提出,[②] 此后印发的《国家信息化发展战略纲要》《“十三五”国家信息化规划》都明确规定了审判活动信息化的重要意义。因而，各地法院也开始了远程视频在审判活动中的适用。

二、刑事远程审判的具体情境

一是审前讯问。由于我国《刑事诉讼法》规定，讯问犯罪嫌疑人、被告人需要在看守所内进行，只有在需要现场辨认等特殊情形下才可以将其带出看守所进行提讯。这就要求法官在对被告人进行审前讯问时，离开原先的办公场所较为不便，审前讯问也成为刑事司法中最先使用远程视频的一类情境。早在 2008 年，最高人民法院就通过远程视频的形式对被告人进行提讯，随后，各个地方法院也在法院与看守所之间建立视频链接系统。2012 年，最高人民法院和公安部联合下发《关于在看守所建设远程视频讯问室的通知》，要求各公安机关提供远程视频室进行远程讯问或庭审，由人民法院负责相关网络审讯平台的搭建。在实践中，较多法院在审前讯问环节使用远程视频，并主要集中在需要跨地区

---

① 参见《最高人民法院、最高人民检察院关于刑事案件速裁程序试点情况的中期报告》。

② 参见《坚持需求和问题导向　破解难题补齐短板　推进人民法院信息化建设转型升级》，载《人民法院报》2016 年 1 月 30 日，第 1 版。

讯问的案件，大致有两方面的特点。其一，大部分的远程审前提讯集中在二审法院开庭前对上诉人的讯问阶段。例如，2015 年，山东省滨州市中级人民法院的远程讯问系统正式上线，法官采用音画同步的方式与处于看守所的当事人进行对话交流。在过去的二审案件中，由于当事人所处的看守所分布在各个区县，法官需要定时驱车前往各地进行集中讯问，远程视频讯问的方式缩短了这种交通时间，在各个法院得到了较多的适用。其二，一审过程中涉及跨区域的讯问多以地方联动的形式进行。例如，位于浙江嘉兴的海宁市法院就通过远程视频的形式，与在杭州市临安区的一位当事人进行远程审判。[①] 但是，这种跨区域，尤其是跨市的远程提讯方式并不常见，主要是由于需要协同的部门较多，平台具有一定的差异。而在省一级法院、检察院或公安机关已牵头建立远程讯问平台的省份，由于技术的统一性，在跨地区层面的远程讯问较多。总体而言，在实践层面，审前讯问环节远程视频得到了较多的应用。

二是速裁案件。2014 年，刑事案件速裁程序试点开始进行，共有 18 个城市进入了试点工作之列。正是在这一阶段，远程视频的审判方式被速裁程序大量适用。在一项针对 18 个刑事速裁试点城市的问卷调查中，有超过 36% 的法院在速裁案件中适用了远程视频的审判方式。[②] 例如，作为速裁程序试点城市的武汉市，2014 年率先在某基层法院审判了全省范围内的首例远程视频速裁案件。据该法院报道，在使用初期，远程视频审判的速度就已经达到 68 分钟审 12 起轻微刑事案件，[③] 平均每起案件的审理时长为 5 分 40 秒。Z 省 S 市 Y 基层法院运用远程视频审判的法官平均每次开庭审理的案件数达 10 件，平均审理天数为

① 参见《海宁法院：异地讯问“面对面”》，载中国法院网，http：//www. zjsfgkw. cn/art/2019/12/31/art_ 56_ 19557. html。

② 参见李本森：《刑事速裁程序试点研究报告——基于 18 个试点城市的调查问卷分析》，载《法学家》2018 年第 1 期。

③ 参见《汉阳女法官王玲：68 分钟办理全省首例远程视频速裁刑事案》，载《长江日报》2018 年 9 月 3 日，第 16 版。

7.3 天，与之前相比减少了将近 80% 的押解工作。从效率的角度来看，远程视频审判确实实现了速裁程序的“速裁”效果。从规范的层面来看，虽然速裁程序在实践中得到了较多的运用，但是速裁程序使用远程视频的相关依据还存在一定的不足，其适用存在一定的任意性。虽然在 2018 年修正《刑事诉讼法》时将速裁程序写入其中，但并未明确速裁程序是否可以使用远程视频的审理方式，各地在实践中也作出了不同的规定。例如，《海淀区刑事案件速裁程序试点工作细则》仅列出了人民法院在速裁程序中可以使用视频的方式审理，但对具体的使用方式并未作明确规定。笔者在一项关于速裁程序规范文本的调研中发现，上海和广州的法院虽然在速裁程序中适用了远程视频，但是并没有相应的规范性文件加以约束。[①] 笔者在对基层法院的调研中也发现，许多地区多以内部规则的形式对速裁程序使用远程视频进行规定。在具体的适用情形上，不同的地区有着不同的规定。例如，同属 Z 省的 S 市和 N 市的法院就对远程视频审判的适用情形有着不同的规定。N 市基层法院规定，仅对有可能判处 3 年以下有期徒刑的轻微刑事案件进行远程视频审判，而 S 市《关于远程视频审判的规定》中则认为，除未成年人及附带民事诉讼案件之外的所有在押被告人自愿认罪的案件都可以适用远程视频审判。总体而言，远程视频审判在空间上的便捷性契合了速裁案件的审理需求，成为当前速裁案件适用较多的一种审判模式，但其在制度构建等领域存在一定的问题，本书将在后续统一作出评述。

三是简易程序。与速裁程序初期在制度构建上存在问题不同，简易程序对远程视频的审判有最高人民法院的相关文件作背书。根据最高人民法院 2016 年出台的《关于进一步推进案件繁简分流优化司法资源配置的若干意见》（以下简称《繁简分流意见》）第 10 条之规定，“创新开庭方式。对于适用简易程序审理的民事、刑事案件，经当事人同意，

① 参见李本森：《刑事速裁程序试点的本地化差异——基于北京、上海、广州和西安试点的地方文本分析》，载《中外法学》2017 年第 2 期。

可以采用远程视频方式开庭。证人、鉴定人、被害人可以使用视听传输技术或者同步视频作证室等作证”。笔者在对使用远程视频的简易程序案件进行筛选后发现,[①] 涉及危险驾驶罪的案件最多，占 36.4% 左右；盗窃罪次之，约占 23.6%；故意伤害罪与走私、贩卖、运输、制造毒品罪紧随其后。而在审判模式上，各地法院也多采取集中审理的模式。例如，2018 年 4 月 15 日，广西壮族自治区武宣县人民法院通过远程视频的形式连续审结了 3 起简易程序的案件,[②] 这 3 起案件的公诉人都以远程视频的形式出庭，当事人则到庭应诉。

此外,《繁简分流意见》第 13 条规定，“探索认罪认罚案件庭审方式改革。对于被告人认罪认罚的案件，探索简化庭审程序，但是应当听取被告人的最后陈述。适用刑事速裁程序审理的，可不再进行法庭调查、法庭辩论；适用刑事简易程序审理的，不受法庭调查、法庭辩论等庭审程序限制”。从审判环节而言，认罪认罚主要适用的是速裁程序或简易程序，并非一个独立的程序机制。由于认罪认罚案件需要审查被告人本人的认罪意愿，因而其在程序机制上又有着特殊性，被许多法院作为特殊程序对待。

四是证人作证。在我国，视频作证的方式早于 21 世纪初就开始在民事领域进行适用,《民事诉讼法》也承认这种庭外作证的模式。而刑事诉讼领域视频作证的适用则稍晚于民事领域，且有别于民事领域。根据《人民法院法庭规则》第 4 条之规定，“刑事法庭可以配置同步视频作证室，供依法应当保护或其他确有保护必要的证人、鉴定人、被害人在庭审作证时使用”。此时，远程视频成为一种对证人的保护方式。虽然，远程视频的形式不属于《刑事诉讼法》第 64 条规定的保护证人的法定措施，但是也与该条文的立法目的相近。根据《刑事诉讼法》第

---

① 以“简易程序”“远程视频”为双向关键词搜索所有裁判文书所得。

② 参见（2018）桂 1323 刑初 85 号、（2018）桂 1323 刑初 87 号、（2018）桂 1323 刑初 88 号。

64条的规定，保护证人、鉴定人、被害人的措施包括“不暴露外貌、真实声音等出庭作证措施”。但是，在同一物理空间下，几乎难以做到对外貌与声音的完全遮盖，致使该条文的实践价值较低，不能打消证人出庭的后顾之忧。而同步视频作证室的建立则为遮盖证人的外貌与声音提供了技术上的可行性，其物理空间上受到法庭控制而便于对证人的身份进行查明，从而在技术上为该条文赋能。此外，以提高司法效率和方便证人为目的构建的远程出庭规则也同样存在，例如，《成都市中级人民法院刑事诉讼人证出庭作证操作规范（试行）》中规定，法庭决定采取视频作证方式，应提前3日告知当事人。广州市越秀区人民法院在审理一起盗窃案时，通过微信小程序与执行民警进行远程连接作证。[①] 在该案审理过程中，执行民警只需要登录法院远程视频平台，进行“刷脸”认证，就可以通过视频的形式进行指认作证，这一做法被视为“节约了司法资源”。此外，江西省赣州市也报道了司法鉴定人员视频作证的新闻，[②] 远程视频作证的形式在刑事诉讼的实践中得到了广泛应用。

五是刑罚的变更裁判。在很长一段时间内，我国减刑案件的审判以书面审理为主。这种相对秘密的审判方式催生了减刑阶段徇私舞弊的情形，2008年、2009年和2010年的《最高人民检察院工作报告》中就提出，其上一年度依法监督纠正减刑、假释、暂予监外执行不当的人员分别为13275人、4990人和9883人。有学者也指出，书面审理减刑案件不利于对判刑人员是否符合减刑条件进行实质审理，刑罚执行机构出具的材料由于难辨真伪，法院很难对其进行甄别，检察机关的监督权也很难得到落实，这将导致刑罚执行机构在实际上掌握减刑权，虚置法院在

---

① 参见《法院首次尝试“微信远程作证”》，载新华网，http：//www.xinhuanet.com/tech/2017－10/20/c_1121828965.htm。

② 参见《赣州中院首例刑事案件鉴定人远程视频出庭作证》，载赣州市中级人民法院网2018年12月6日，http：//gzzy.jxfy.gov.cn/article/detail/2018/12/id/3599302.shtml。

减刑案件中的裁判职能。①

因此，2010年，最高人民法院印发《关于贯彻宽严相济刑事政策的若干意见》。该意见第43条规定，“对减刑、假释案件，要采取开庭审理与书面审理相结合的方式”，其中，对于原为县处级以上领导干部罪犯的减刑、假释案件一律开庭审理。然而，该意见的发布并未对减少减刑、假释案件的错判产生显著效果，在2011年与2012年的《最高人民检察院工作报告》中，最高人民检察院纠正的减刑、假释、暂予监外执行不当案件的人数依然在1万人左右。2012年，最高人民法院颁布《关于办理减刑、假释案件具体应用法律若干问题的规定》。该规定首次明确了六类减刑案件需要开庭审理。2014年，这六类案件被修改后写入了最高人民法院《关于减刑、假释案件审理程序的规定》之中。至此，我国确立了减刑案件开庭审理与书面审理并存的审理方式。但是，这种状态并未改变法官在审理减刑案件时以执行部门出具的材料为主要依据的局面，亦没有在减刑案件的审判中形成对抗式的诉讼模式，减刑案件虽然以开庭的方式进行审理，但是审判的实质性并未凸显，多以程式化的方式进行。所以，一方面，最高人民法院对贪污贿赂等六类案件的量刑变更作出了需要出庭的明确规定；另一方面，审判实践依然以书面材料为重点进行审核，庭审效果并不明显。基于对二者的调和与妥协，远程视频被引入减刑案件的审理中，此种审判模式既符合了开庭审理的要求，又简化了一定的流程，且受到最高人民法院下发的《关于贯彻宽严相济刑事政策的若干意见》和《关于减刑、假释案件审理程序的规定》中关于贪污贿赂案件“从严把握”的影响，减刑案件成为远程视频适用率最多的案件类型，“减刑”也成为提及使用远程视频的刑事案件文书的首要关键词。

可以说，减刑的定性决定了在使用远程视频时当事人是否享有充分

① 参见陈永生：《中国减刑、假释程序之检讨》，载《法商研究》2007年第2期。

的程序权利。有学者曾指出，在“权利说”和“奖励说”之间，我国的减刑制度一直都倾向于将减刑制度视为一种对罪犯的奖励，而非权利。[①] 这直接表现为减刑需要适用特殊的审判规则。首先，减刑需要由刑罚的执行部门提出申请才可以进行，罪犯自身无减刑的提请权。其次，在减刑案件的审判过程中，被告人均无聘请律师的权利，与普通程序的辩护权具有差异。再次，减刑案件无法上诉。最后，如上文所述，减刑案件最开始往往是书面审理，罪犯无法享有开庭审理的权利，虽然这一情况近年来得到了改善，部分减刑案件需要进行开庭审理，但在程序权利上与其他案件的审理还是有所差异。

正是因为将减刑视为一种国家对罪犯的奖励，所以在监狱与法院之间搭建了视频审判系统以后，刑罚与执行变更的案件成为远程视频审判适用率最高的一类案件。一方面，作为国家奖励，仅特定案件的犯罪嫌疑人有开庭审理的程序权利，而不是选择开庭审理的权利。在实践中，一些适用远程审判的减刑案件也仅需要在开庭告知书中载明开庭审理的形式，而无须征求犯罪嫌疑人的意见。另一方面，国家奖励的内容是最终的减刑结果，庭审主要是审查减刑的真实性，意在控制这种国家奖励，庭审有可能给罪犯的减刑带来不利后果。减刑案件由执行机关提出申请和提交相关材料，虽然审判机关对其审判已经不再是完全的书面审理，但还是需要依据书面材料作出判断。而绝大多数减刑案件的书面材料已经十分详尽，对当事人的审查也只是在执行机关的减刑建议幅度内进行考量，无须考量量刑幅度以外的内容。对于罪犯而言，开庭具有令其减刑的可能，所以他们也愿意接受简化庭审形式以降低不能减刑的风险。因而，目前来看，减刑案件的审判十分程式化，但又要符合开庭的要求，所以远程视频成为一种折中的办法。

六是申诉接访。2014 年，最高人民法院为了拓宽申诉信访的渠道，

---

① 参见曾娇艳：《减刑庭审实质化的必要与可能——从减刑是罪犯的权利说起》，载《湖北社会科学》2019 年第 1 期。

出台了《最高人民法院远程视频接访规则》。该规则规定，申诉信访人员可通过向申诉信访案件一审人民法院或住所地的基层人民法院提出申请，通过远程视频的方式向最高人民法院依法表达诉求，经由高级人民法院和最高人民法院审查确认后进行视频接访。该制度对于当事人申诉的便捷性、法院接访效率的提升具有一定的作用。[①] 未经过高级人民法院审理的案件，可由最高人民法院确认后，与高级人民法院联合接访。接访系统由最高人民法院提供，且只能由最高人民法院端进行全程录音录像，信访人员所处法院不得进行。远程视频接访落地后进行了较为广泛的适用。据记载，在远程视频接访系统开始实施的3个月间，最高人民法院就完成了800件接访案件。[②] 目前，该制度已经与巡回法庭接受申诉信访的职能进行了一定的统一，第三巡回法庭曾在新闻报道中展示了一起故意伤人案的远程视频接访工作。[③]

第四节　直接言词原则对刑事远程审判的检视

一、直接原则下的检视

（一）网络技术问题对审判连贯性的冲击

直接原则对于法庭在审判的连贯性上具有很高的要求。直接原则要求法庭在不间断的情境下进行审判，对于庭审的中断有极为严格的规

① 参见桑胜高：《让互联网技术为信访提速》，载《人民法院报》2016年7月19日，第2版。

② 参见李婧：《最高法：远程视频接访缓解多重压力》，载新浪网，https：//news. sina. com. cn/c/2014－09－05/140330801153. shtml。

③ 参见罗书臻：《开通远程视频接访系统　畅通群众申诉信访渠道——最高人民法院第三巡回法庭正式开展远程视频接访工作》，载中国法院网，https：//www. chinacourt. org/article/detail/2017/05/id/2873476. shtml。

制。然而，在远程诉讼的司法实践中，这种连贯性较难得到落实。远程视频审判对于网络稳定性的需求较高，而审判的过程中容易发生网络延迟、网络中断等情况。虽然，在刑事领域多以法院内部或法院与监狱、看守所之间建立视频网络的形式进行远程审判，但还是会出现一些影响连贯性的问题。这些问题包括两种情形：第一种情形是，法官所在法庭的视频在其他诉讼参与者的视频端发生中断，这种情况的隐患较小，技术恢复后可继续审理。第二种情形是，被告人、证人等诉讼参与人传输到法庭的视频发生中断，此时，由于被告人、证人等诉讼参与人置身于监狱、看守所等地，在此期间很可能受到刑讯逼供而影响其陈述的真实意思表示。虽然刑事诉讼过程中法院会派驻法警到监狱等被告人所在的场所，但法警的监督并不等同于法庭之上公开的监督，程序的合法性依然存在瑕疵。此外，有从事民事诉讼的律师担忧，因技术原因中断远程审判后，由于对中断原因的举证困难而使当事人被强制性地适用缺席审判制度有可能发生。笔者认为，虽然理论上审判的连贯性问题所造成的缺席风险可能存在于民事诉讼领域，① 但是在刑事诉讼领域其冲击力较小，理由有二。

一是民事诉讼中的“缺席”与刑事诉讼中的“缺席”所指并非同一物。从《民事诉讼法》第 147 条“被告经传票传唤，无正当理由拒不到庭的，或者未经法庭许可中途退庭的，可以缺席判决”的规定可以看出，民事领域对于缺席审判具有较低的准入条件，只要被告人未经法庭许可中途退庭，从维持法庭秩序的目的来看，都有可能剥夺其参与审判的权利，而直接进行缺席审判。虽然，2018 年修正的《刑事诉讼法》也构建了缺席审判制度，但这种缺席审判制度与民事诉讼领域的缺席审判差异极大，具有极为严格的准入条件，因为网络技术原因而产生的中断根本不可能适用缺席审判以减损当事人的审判权。首先，《刑事诉讼

① 然而，笔者在 2018 年至 2019 年杭州互联网法院审判的案件中，尚未发现当事人由于对中断原因无法举证而被迫适用缺席审判的情形。

法》中适用缺席审判的案件类型仅限于贪污贿赂案件和经最高人民检察院核准的严重危害国家安全犯罪案件、恐怖活动犯罪案件以及被告人存在特殊情况的其他案件。其次，刑事缺席审判一般要求被告人、犯罪嫌疑人在境外或患有严重疾病或死亡。而我国目前适用远程视频审判的案件，虽然不乏贪污贿赂案件，但这些案件的犯罪嫌疑人都已在押或收监，并不符合缺席审判的条件，自然也就不可能在远程审判中由于审判中断而被迫适用缺席审判。

二是刑事诉讼进行远程审判的场所和技术多为司法机关所控制，当事人对此不具有支配力，也不存在利用技术故障而逃遁审判的主观故意。缺席审判的制度构建意在强调法庭审判的连续性，在特殊情况下可剥夺消极参与法庭审判的当事人在诉讼活动中的参与权，但这种剥夺亦非任意而毫无节制，司法实践中往往会对当事人的主观意志进行衡量适用。因而，即便未来刑事缺席审判制度发生变化，对远程视频技术不具有控制力的当事人仍不需要必然地为此承担责任。

（二）罪犯亲历与公众参与的审判宣教性差异

庭审对当事人的宣教功能具体有多少，很少有实证研究对此进行过量化的考察。但是，从未有人否认过法庭具有宣教功能。[①]《刑事诉讼法》第2条明确指出了刑事诉讼需要“教育公民自觉遵守法律”，法庭对当事人具有宣教功能。这种宣教功能包括法律知识的宣教和行为准则的宣教两个方面。而这两方面宣教功能的实现，都有赖于法庭庭审过程的威严。古谚有云，“明刑弼教，世轻世重”[②]，这也是《刑事诉讼法》具有教化功能的重要历史渊源。而作为我国现代《刑事诉讼法》立法例参照之一的苏联，其法院也崇尚将公开审理作为实现法庭宣教的途

---

① See Hon. Lord Gifford, *Law a Schoolmaster; or, the Educational Function of Jurisprudence*, Journal of Jurisprudence 23, No. 266, p. 57 – 112 (1879).

② 参见（清）包世臣：《齐民四术》，中华书局2001年版，第229页。

径。苏联学者认为，将法庭作为课堂，可以实现尊重法律和法序的教化功能。[①] 受苏联司法理念的影响，中华人民共和国成立初期的法院审判工作报告，就将教化功能定位为审判的重要内容。[②] 但是，这种教化功能的实现需要依托于庭审过程的直接亲历性。例如，苏联时期的法院为了实现这种教化功能，深入工场、农场等犯罪嫌疑人所在的基层场域进行审判，[③] 法庭的亲历程度与民众从中获得的教育程度亦具有相关性。

但是，就远程审判而言，法庭的教化功能对于当事人和社会公众可能产生不同的效果。对于当事人，尤其是罪犯（犯罪嫌疑人），远程化的审判会令法庭亲历性有所减损，通过庭审向当事人进行普法的功能将很难实现，甚至会因为远程化的审判而令庭审的仪式感弱化，当事人因此对法律权威性的臣服有所减少。但是，相较于罪犯（犯罪嫌疑人）在远程审判中的法庭教化效果，普通公众将有很大的可能性参与庭审的观摩，过去由于地理位置的限制或法庭席位数量的限定使公众旁听法庭的机会较少，而远程视频化的庭审则可以向公众放大这种教化效果。因此，在讨论法庭教化性的问题时，对于罪犯（犯罪嫌疑人）和普通公众，将会形成不同的结果。

二、言词原则下的检视

（一）弱法庭真实性影响审判权威性的实现

伯尔曼曾在《法律与宗教》中提出，仪式和权威是法律与超理性价值联系和沟通的主要方式，仪式是象征法律客观性的仪节程序，权威是对一些成文的或者口头的法律渊源的依赖，它们共同构筑了法律的象

---

① 参见张建伟：《刑事诉讼法通义》，北京大学出版社2012年版，第47页。

② 参见何勤华：《关于新中国移植苏联司法制度的反思》，载《中外法学》2002年第3期。

③ 参见［苏］高里雅柯夫：《苏联的法院》，一之译，时代出版社1950年版，第83-84页。转引自张建伟：《刑事诉讼法通义》，北京大学出版社2012年版，第47页。

征性和宣示性，其中，法律的各种仪式也像宗教的各种仪式一样，是被深刻体验到的价值之庄严的戏剧化。[①] 对于审判的权威性和仪式感，Thurman Arnold 曾言，虽然他在课堂上大谈法官只根据他们的偏见作出判决，但是当他穿上法官的袍服、置身法庭时，就不得不相信自己是根据某种客观标准行事。[②] 法庭的权威感，一方面来自实体层面判决的公正、判决的既判力等内容，另一方面来自程序的固定化、规范性和仪式感。[③] 因而，从这个角度来说，将被告人、证人置于非法庭的审判空间下，其法庭的仪式感易受减损，审判的权威性也会有所不足。一个缺乏仪式感和权威性的法庭的判决结果很难得到深层的认同与遵照，并且在程序中也会产生无序争吵等消极应诉的情形。[④] 因而，适用远程审判，对于当事人而言，权威性减损的法庭有可能使判决的既判力受到影响，[⑤] 其在确定是否适用时需要对判决的执行力作出预判；对于证人、鉴定人而言，法庭的权威性与其言词的真实性有所关联，会更有利于其在法庭上呈现出具有较高真实性的言词。

（二）“增量”视角下审判实质性的反思

如果只是单纯将远程审判的定位聚焦在对法庭过程的简化之上，那么这就很难与其大量的投入相当。而从审判实质性的角度来说，提高证

---

① 参见［美］伯尔曼：《法律与宗教》，梁治平译，中国政法大学出版社 2003 年版，第 20－22 页。

② 转引自 The Symbols of Government (1935) & Folklore of Capitalism (1937)。

③ See Ann Black, *Court Ceremonies, Ritual and Symbolism: How Islamic Law and English Common Law are Conceptualised and Apply to an Unlawful Killing*, Griffith Law Review 21, No. 2, p. 499 (2012).

④ 参见［美］兰博约：《对抗式刑事审判的起源》，王志强译，复旦大学出版社 2010 年版，第 15 页。

⑤ See William Knapp, *Symbolism in the Criminal Trial Ritual*, Bracton Law Journal, 10, p. 17 (1977).

人、鉴定人员的出庭率才能从增量上促进直接言词原则的实现。[①] 根据言词原则，法庭的审理过程需要经过充分的对抗与辩论，但是较低的出庭率并不利于其实现。从目前远程视频审判的适用范围来看，其在减刑案件、程序分流案件之中被大量适用，然而，这些案件的当事人大部分在司法机关的控制之下，其出庭本身就不存在困难，更遑论会对出庭率造成影响。而在证人出庭的问题上，虽然远程审判也作了一些改革，通过建立远程视频讯问室的方式对当事人的声音、容貌进行特殊化处理，但由于证人、鉴定人的出庭问题并非远程审判在定位之初的首要目标，这种方式在实践中并未得到广泛的应用。不难发现，在对直接言词原则有所减损的情况下，远程审判适用于当事人、证人、鉴定人原本可以正常到庭的案件时，有可能对庭审效果产生负面作用，而从审判质量的角度来看，注目于出庭率原本就较低的情形才应当是关键。这是因为，虽然远程审判会对出庭的效果产生减损，但是如果将其与原本就没有出庭的情形相比，效果有所减损的出庭也优于“不出庭”。因此，在对远程审判的定位进行预设时，方便当事人和法官、提高司法效率固然重要，但是这并非刑事审判的首要目标或唯一目标，在价值构建尤其是以直接言词原则作为审判的依据时，还需要将证人、鉴定人的出庭问题进行统筹考量。

此外，审判的实质化问题在减刑案件、程序分流中也较为突出。从最高人民法院 2014 年发布的《关于减刑、假释案件审理程序的规定》的设立初衷来看，提高减刑案件审判的实质性是其主要的价值目标，但在实施中借远程审判巧妙地避开了这一目标。由于减刑案件对相关文书材料的依赖性大，即便是开庭审理也难以对犯罪人员的主观意愿进行审查，更多的还需要立足于刑罚执行部门的情况报告，远程审判的适用并

---

① 参见刘玫：《论直接言词原则与我国刑事诉讼——兼论审判中心主义的实现路径》，载《法学杂志》2017 年第 4 期；汪海燕：《论刑事庭审实质化》，载《中国社会科学》2015 年第 2 期。

未强化其审判的实质性。另外，在程序分流中，许多法官在访谈中认可了远程审判的实施意义。他们认为，在认罪认罚从宽等程序分流的案件中，"从宽"不仅表现为实体层面可以得到"从宽"的量刑，在程序上也可以被赋予适当宽松的程序过程。[①] 因此，许多法官将其作为远程视频应用于认罪认罚案件具有理论正当性的理论支持。然而，远程视频审判对程序的简化更多的是有利于法官层面，改革的红利多落脚在司法机关的审判效率之上，既便于法官进行集中式的审判，也便于司法机关内部对于法警等押解力量的投入。但是，对于当事人而言，适用远程视频审判并不能成为一种对其的福利，更遑论一种程序上的"从宽"。所以，从审判的实质性而言，无论是减刑案件，还是程序分流案件，其适用远程视频以后并不必然地提升审判效果，甚至会因为对审判过程的影响而减损当事人接受实质性审判的权利。

（三）远程状态下法庭交互性的减损

交互性的第一个方面体现在以互动控制审判节奏。虽然，直接言词原则强调庭审过程的公开与对辩，但其"互动性"的特征则是由法律语言学家提炼而成，近年来也逐渐为心理学家以及法律实务人员（尤其是法官）所注目。强调审判互动性的意义在于，可以更为直观地体现直接言词在审判中的功能。对于普通的庭审，根据《人民法院法庭规则》第 17 条之规定，"全体人员在庭审活动中应当服从审判长或独任审判员的指挥"。法官作为庭审的控制者，需要对法庭内的许多节奏进行指挥与把控，而在同一物理空间之下，这种法庭秩序和法庭节奏的控制更容易实现。

此外，远程视频还广泛运用于最高人民法院的申诉信访案件，但是，远程化的信访接待并不利于许多传统信访技巧的施展。例如，在上

---

① 参见陈瑞华：《"认罪认罚从宽"改革的理论反思——基于刑事速裁程序运行经验的考察》，载《当代法学》2016 年第 4 期。

海法院处理的一起信访案件中，当事人情绪过于激动而语速加快、声调提高，接待的法官在察觉这个情况后，缓缓起身为当事人倒了一杯水，缓解了紧张的气氛。[①] 这种状态在远程接访中很难得到实现。远程视频的出现并不能够有效地发挥信访原本的功能，接受过最高人民法院远程信访接待的当事人，再次向法院提出抗诉申请等情形依然存在，从法官与当事人的互动性角度而言，远程接访的效果式微。

交互性的第二个方面体现在以互动核实相关证据。对当事人真实意愿的核实，一直是庭审活动中较为重要的一项内容。早在西周时期，"五听" 审讯制度就已建立，审判者需要从当事人的言词、表情、气息、聆听、眼神等五个方面的身体反应作出判断。[②] 到了现代，虽然不再强调这些身体表现在事实认定过程中的重要性，但当事人意愿的真实性还是定罪量刑的重要内容。[③] 在实体层面，法官需要考虑犯罪嫌疑人的主观构成要件、认罪态度。虽然，这些内容都以法律条文的形式得以固定，但是在司法过程中，对主观意志的认定却具有一定的难度。例如，伤害类案件中，故意和过失在定罪的过程中具有极大的差别，过失犯的疏忽大意和过于自信又需要得到一定的区分以实现定罪的精准性；而在认罪态度等问题上，有学者通过实证研究发现了法官的判决与犯罪嫌疑人的认罪态度具有相关性。[④] Samaha Joel 曾评价说，在刑事司法中，对于犯意等主观心理的确认是一项世界性的难题，虽然它很重要，但依然一直困扰着司法实务。[⑤]

---

① 参见孙海峰：《从美化自我到正视自我》，载邹碧华主编：《法庭上的心理学》，法律出版社 2014 年版，第 142 页。

② 参见郑智：《刑讯与五听："情实" 背后的身体思维模式》，载《法律科学（西北政法大学学报）》2014 年第 3 期。

③ See Moss & Joe S. , *Examination and Cross Examination of Witnesses*, South Texas Law Journal, Vol. 5: 1, p. 83 – 94 (1960).

④ 参见胡铭、冯姣：《认罪态度对法官判决影响的实证分析》，载《江苏行政学院学报》2014 年第 2 期。

⑤ See Samaha Joel, *Criminal Law* (11th *Edition*), Wadsworth Publishing Company, 2013, p. 170 – 172.

而在程序层面，法官也需要对被告人、证人等诉讼参与人证言的真实性进行考量。一方面，对于犯罪嫌疑人、被告人而言，其趋利避害的普遍心理会令其在供述和辩解的过程中尽可能地呈现对自己有利的内容，编造或掩盖一些自白，其虚假的可能性较大。[①] 另一方面，根据自白任意性规则，只有出于自愿的自白才能成为定罪量刑的根据，但是在司法实践中也时有发生刑讯逼供、威逼利诱等一系列情形。《刑事诉讼法》第56条规定，“采用刑讯逼供等非法方法收集的犯罪嫌疑人、被告人供述和采用暴力、威胁等非法方法收集的证人证言、被害人陈述，应当予以排除”。所以，无论是实体层面，还是程序层面，考量被告人主观意愿的真实性已经成为司法的一项重要内容。

然而，在远程审判中，对当事人真实意愿的考量却具有一定的难度。第一，当事人真实意愿表达的自由性存在困境。虽然，自白任意性规则并未在我国的《刑事诉讼法》中作为一项原则被确立，但依然广泛地存在于司法实践之中，我国的立法和司法都在尽可能地保障犯罪嫌疑人自白的自由性，避免外界对其的干扰。而自白任意性规则的保障之一，是犯罪嫌疑人可以在庭审的过程中主张原先供述受到胁迫，以推翻在审判活动之前因为刑讯逼供等情形而产生的非真实意愿表达。但是，在看守所的场域下进行的远程审判却令这种法庭对于真实意愿的保障产生了困难，由于犯罪嫌疑人处于看守所的控制之下，其翻供的难度会大于在法庭上翻供的难度。第二，对当事人表达的真实性认定也存在难度。目前，远程审判主要是通过视频的形式展示在法官的屏幕之上，虽然可以进行一定的镜头切换，但这种切换和当事人真实地置于法庭之中相比具有很大的差别。法官对当事人的观察也从多维转向了二维。例如，根据法庭心理学，作出虚假陈述者的大腿部位可能因不受自我控制

① 参见张建伟：《刑事诉讼法通义》（第2版），北京大学出版社2016年版，第281页。

而表现得极其不自然。但是，在视频审判中这些细节很难被识别。[①] 又如，在一些家事纠纷中，法官可以通过观察当事人在法庭上选择的座位以及座位之间的距离来判断家庭的结构关系，[②] 在远程视频的模式下，这种细节性的内容很难得以展示。尤其是在我国的司法模式下，法官除了承担法律审判的职责外，更需要对事实认定进行准确把控，而这些原先在法官的审判经验之内的判断因素，却因为远程视频的应用而产生了障碍。因此，从庭审的真实性角度而言，对于当事人主观意志的核实成为远程诉讼的一大难点，也被许多学者诟病。[③]

此外，通过审判的互动性还可以核实许多其他内容。例如，随着人工智能换脸等新型技术的产生，通过远程视频查明身份已经具有一定的难度。虽然目前刑事远程审判通过法院派驻法警到监狱、看守所的方式对诉讼参与人的主体身份进行核实，并且监督审判的进行，但是在传统的法庭规则中，法警只对提取被告人的环节具有监督职权，被告人的身份认定还是需要法官作出。此时，居于远程视频端的法官对于诉讼参与人的身份查明还是需要基于一定的互动而作出，仍具有一定的错误空间。

第五节　刑事远程审判的制度优化路径

一、调整案件类型和范围

从目前远程审判技术在刑事诉讼的应用可以看出，应用远程审判的

---

① 参见李峰：《司法如何回应网络技术进步——兼论视听传输技术作证的运用规则》，载《现代法学》2014 年第 3 期。

② 参见邹碧华主编：《法庭上的心理学》，法律出版社 2014 年版，第 10 页。

③ See Wiggins & Elizabeth C., *What We Know and What We Need to Know about the Effects of Courtroom Technology*, William & Mary Bill of Rights Journal, Vol. 12: 3, p. 731 – 744 (2004).

案件范围并未以明确的规范形式进行界定，大体呈现一种较为混乱的局面——既涉及普通程序、程序分流、作证、减刑等具体的审判活动，又涉及审前讯问、信访等与审判相关的诉讼活动。就远程诉讼对直接言词原则的冲击而言，部分远程审判对于传统诉讼的突破较大，对于法庭权威感和当事人宣教功能实现的能力较弱，远程视频审判无法无差别地应用于所有的诉讼类型。如前文所述，在明确了远程视频审判是一种对司法权运行过程中的福利后，传统诉讼规则继续当然对其有效。在“到庭”“出庭”等诉讼规则中，在有关当事人所处空间的相关定义尚未明确的情况下，立法解释更倾向于认为法庭鼓励当事人出现在审判场所之中，所以远程诉讼即便可以被认定为一种广义的出庭方式，其依然是一种具有技术瑕疵的出庭方式，应当多运用于过去无法出庭或出庭困难的案件，而非原本就可以正常出庭的案件。所以，笔者认为，需要明确远程视频审判是一种建立在传统诉讼之上的“增量”，而非“替代”，具体包括以下三个方面。

第一，作为接访成本较高案件的“增量”，而非所有申诉案件的“替代”。从实践来看，利用远程视频进行申诉的情形主要面向最高人民法院本部和最高人民法院巡回法庭两个主体。远程视频的方式拓宽了当事人直面最高司法机关的渠道。但是，巡回法庭远程视频接访的情形存在一些优化的空间。巡回法庭的设置使一些当事人与办案人员当面接触的难度并不会太大，成本不会太高，如果全部通过视频接访的方式进行，不仅其沟通交流的效果会受到影响，而且许多传统的接访技术也难以实现。为此，可以将巡回法庭远程接访主要适用于当事人接访成本较高的案件，使远程视频接访更多地服务于交通困难、行动不便等情况下的当事人，在更大程度上发挥远程视频的功能。

第二，作为不出庭作证的“增量”，而非出庭作证的“替代”。《刑事诉讼法》赋予了证人出庭时隐匿容貌、声音等情形的合法性，从立法目的的角度也是通过对证人的保护、减少其后顾之忧而提高证人出庭率。而远程视频作证则为这种对证人的保护提供了更为有效的技术手段，令证人容貌、声音的隐匿在技术上得到了更为充分的保障。但是，这并不意味着鼓励所有作证活动都通过远程视频的形式作出。远程视频作证虽然可以通过与法庭进行交互、问答而与一般的录制视频作证进行区分，但是在对证人证言真实性等问题的采信方面依然具有瑕疵。从世界范围来看，各国对远程视频作证也持较为审慎的态度。例如，美国虽然允许刑事诉讼中通过视频电话会议的方式作证，但其适用范围较窄，最初仅限于关涉儿童的犯罪，在特殊情况下出于对国家安全以及精神病患证人的保护也可以使用，且需要在特定的场所内作出。而英国刑事司法中虽然闭路电视作证的方式得到了认可，但是法官在决定是否适用时需要尽到审慎义务。在大陆法系国家中，德国仅在保护证人人身健康的情况下才可由法官决定是否使用同步影像视频作证，而日本则仅允许在特定的性侵或儿童卖淫等类型犯罪中适用，并且需要在法庭内部或者其他特定场所作出。[①] 相较于世界各国在远程视频作证适用范围上的规定，我国刑事司法中证人远程视频作证的情形在地点上的限制较为严格，但是在使用范围的限制方面则显得更为宽松，并无明确的使用范围。虽然，由法官决定是否适用远程作证的司法管理并无不妥，但需要明确远程作证只能是现场作证困难时的一种选择。上述四个国家远程作证的适用逻辑，都是将远程视频作证定位为例外的作证情形，在我国适用远程作证时，也需要明确这种对直接言词原则有所减损的作证方式应当是不出庭作证的“增量”，而非出庭作证的“替代”。

第三，作为书面审的“增量”，而非开庭审的“替代”。虽然，远程审判在一定程度上会减损开庭审理时直接言词原则的实现程度，但

---

① See Dixon H. , *Remote Witness Testimony in Criminal Trials*: *Technologically Inevitable or Constitutionally Doomed*, Judges'Journal, Vol. 47: 4, p. 46 – 48 (2008); Friedman R. D. , *Remote Testimony*, University of Michigan Journal of Law Reform, Vol. 35: 4, p. 695 – 718 (2002).

是，相较于不能开庭的书面审，远程审判在审判效果上优于不开庭审判。因而，将远程审判倾向于作为部分书面审的增量时，反而有利于直接言词原则的实现，即便这种实现是一种有瑕疵的实现。在我国程序分流的制度结构中，普通程序、简易程序、速裁程序以梯状递减的逻辑进行分流与简化，并且这种分流始终将司法效率作为程序分流的价值依据，远程审判也就自然地等同于司法效率的优化途径。但这种逻辑具有很强的内生局限，无法体现远程视频在证人出庭时对证人安全顾虑消解等层面的价值。因而，在司法效率功能存疑的情况下，可适当突出远程审判对于书面审的替代作用。

二、赋予当事人特定的选择权

几乎无一例外，有关远程审判的学术讨论认为，当事人对于是否适用远程审判应当具有选择权。但是，这一观点建立在将审判视为一种非“获得性权利”的基础之上，即从潜意识认为，远程审判可能会对当事人的诉讼利益有所减损，当事人对远程审判的“同意”意味着对可能面临的权利减损的认同。但是，这种制度逻辑存在两个方面的瑕疵。其一，在特定的案件类型下，这并不一定会减损审判权益；其二，对当事人的“同意”进行审判者与决定是否进行远程审判的审判者为同一主体，均为主审法官。这种自我审查在司法的过程中缺少有效的制约。目前的司法实践几乎没有对当事人的“同意”进行有效的审查。例如，某省高级人民法院采用远程审判时，只需要在开庭通知书中注明以远程开庭的方式审判即可。又如，在一起诈骗案中，面对上诉人提出的“原审法院视频开庭未经过当事人同意”的上诉理由，上诉法院认为，“根据原审法院送达起诉书副本证实，原审法院就远程视频开庭审理本案已征得各被告人的同意”。[①]可以看出，该法院也认为在适用远程审判时，

---

① 参见（2013）浙甬刑二终字第527号。

只要能证明已经将开庭方式告知了当事人，且当事人并无异议，就可以视为当事人已经同意了对远程审判的适用，而无须提供当事人明确“同意”的意思表示。所以，对于当事人“同意”的认定，司法实践以“不反对即同意”作为惯例，与学术界所设想的选择权有所出入。

但是，笔者认为，在远程视频运用于特定的案件类型后，诉讼参与人对程序的选择意识并不需要如预设一般通过明确的方式进行表达。其一，学术界所强调的选择权默认远程视频审判运用于所有类型的案件，这与当前远程审判的试点现状有所出入。在当前的审判中，虽然远程视频审判在各类案件中都有涉及，但这是在一种较为无序的试点过程中产生的，试点过程中并未意识到远程审判只是一种技术性试点，而非制度性试点。笔者认为，远程视频审判应当重点面向原先无法出庭或出庭困难的情形，作“增量”改革而非替代性改革。这些案件中，当事人对传统审判方式的接受度会低于对远程视频审判方式的接受度，过于强调其对审判形式的选择权不具有必要性。

其二，即便在应用范围无法改变的情形下，对诉讼参与人选择权的强调在司法实践中也并不当然地具备意义。由于决定远程诉讼的主体为审判机关，由其自行审查开庭形式，在客观中立性上有所欠缺。因而，如果赋予当事人是否适用远程审判的选择权，则需要在不间断的庭审过程初期就得到当事人的认可。此种认可方式的意义在于，既可以倒逼法官群体在适用远程视频审判前就与当事人及其辩护人有明确的沟通，并得到认可，防止在审判过程中陷入程序僵局，制约法官对远程视频审判发起的任意性；又可以在面对当事人的上诉时，对远程视频审判的抗辩事由举出具有可信的证据——目前出庭通知书的举证方式虽然得到了司法实践的认可，但其证明力较弱，出庭通知书仅可以证明当事人得到了远程视频审判的讯息，而无法证明其对该形式意思表示之内容。综上，笔者认为，当事人的默示同意可以作为适用远程视频审判的前提，但这种选择权只能在法庭上作出，需要得到法庭的见证和记录，以作为适用远程视频审判的正当性来源。

三、加强外部信任和参与

（一）在技术上建立对第三方的信任机制

远程审判在法庭空间上的延展依赖于第三方端口的介入，按照第三方端口的主体划分，主要包括四种情况。其一，被告人在法院以外的其他空间；其二，公诉人在法院以外的其他空间；其三，证人、鉴定人、专家辅助人等其他人员在法庭以外的其他空间；其四，律师在法院以外的其他空间。不同的主体所秉持的司法立场有所差异，其作为第三方端口接入时也具有不同的风险。①

对于第一种情形，被告人置于非法庭控制的其他专门机构，则有可能受到这些机构的威胁。目前，主要是通过对被告人不间断的同步视频直播和派驻法警来对此进行约束。但是，为被告人提供直接言词的权利是庭审的重要原则，同步视频直播和派驻法警更接近于一种法庭的自我约束而非义务。换言之，在远程视频庭审过程中，被告人的同步视频直播和法院派驻法警存在任何瑕疵，都只能定性为法庭自我约束不力，法院只需要对这种瑕疵进行说明或补足，而无须启动程序性的纠错机制——这些程序问题无法构成上诉、重审、再审等司法救济的事由。远程诉讼作为一项司法福利，主要目的在于服务司法机关审判活动的高效展开，一旦需要以换取当事人的诉讼利益为代价，则会丧失这项司法福利的立足基础，与“司法为民”的原则形成冲突。因而，需要明确在被告人端视频接入时，法庭具有保障其言词表达与在传统法庭之上的表达相一致的义务，同步视频直播和派驻法警只是这一义务的实现途径。当事人认为其在看守所、监狱等专门机构进行的远程视频审判与传统法庭的审判有所不符时，法庭具有相应的举证责任以证明其对

① 关于律师端接入的内容，本书将在后文单独进行讨论。

第三方端口的接入尽到了审慎之义务，否则即需赋予当事人程序性救济的权利。

对于公诉人在法院以外的其他空间之情形，目前我国的司法实践给予检察院极高的信任，符合技术标准的检察机关可接入人民法院的远程视频端参与庭审。从实践运作来看，检察机关的接入并未构成当事人提出上诉的抗辩事由，亦未在公开渠道获得检察机关相应的程序瑕疵通报。而证人、鉴定人、专家辅助人等其他人员在法庭以外的其他空间进行出庭的情形则多在法院内部进行，平台安全性亦较高。在刑事诉讼的远程视频审判中，实践中普遍禁止了律师在法院以外其他空间的远程参与，因而法庭亦无须对此负有平台管理义务。

（二）在制度上加强律师的参与可能性

目前而言，远程诉讼中律师的参与主要存在三个方面的困境。第一，远程诉讼时，律师与公诉人的法庭地位不平衡，司法实践中虽然允许公诉人以远程的方式参与诉讼，但被告人的辩护律师却不具备远程诉讼的权利。对于法庭结构，几乎已经达成共识，公诉人应当避免当事人化，[①] 其角色更类似于法益被侵害主体的辩护人，即使被告人有自我辩护的权利，也不能认为控辩双方的平衡只是公诉人和被告人的二元平衡。公诉人对抗的是被告人及其辩护人，只有得到了有效辩护的对抗才是良性的法庭交互。虽然刑事辩护律师群体在访谈中对远程视频也并不具有很高的热情，但从“福利”分配的角度而言，不具有完全的对等性——是否赋予其远程审判的权利与其是否乐于适用远程审判并不全然等同。所以，被告人的辩护律师不具有选择是否进行远程视频辩护的权利，属于控辩双方法庭程序权利不对等的情形。

第二，视频开庭方式仅以当事人的默示同意作为基础，律师对此不

---

① 参见吴纪奎：《对抗式刑事诉讼改革与有效辩护》，载《中国刑事法杂志》2011 年第 5 期。

具有任何权利，更无法对当事人行使辩护保障。由于目前实践中，是以出庭通知书的形式告知被告人进行远程诉讼，只要被告人不提出明确的反对主张，即视为同意远程诉讼。但是，这也就意味着其辩护人无法对这种出庭方式提出异议。

第三，当事人以视频的方式参加诉讼时，律师所处的空间存疑。如果律师与当事人一样处于看守所、监狱，那么这种开庭方式只告知当事人，没有告知律师，更没有取得律师的同意（即使是默认许可也未取得）。如果律师处于法庭，而当事人处于看守所、监狱，那么二者之间的物理空间非常遥远，空间上就将当事人与其辩护人割裂，既不利于律师和当事人的互动，也不利于当事人建立对律师的信任感。在目前的实践中，律师参与刑事远程视频审判时，大部分是处于法庭之上，而非被告人受羁押地。笔者认为，在理论上律师可以出现的场景中，令律师直接出现在法庭之上的司法实践具有一定的正当性，对传统司法模式的冲击较小。其一，在传统的庭审过程中，被羁押的犯罪嫌疑人处于被告席，与辩护律师所处的并非同一席位，二者在法庭上存在一定的距离。但是，律师群体进入看守所、监狱等被告人所在视频端时，虽然可以在物理距离上与其当事人更为接近，但也会因此减损与公诉方直接言词对抗的效果。其二，在共同犯罪案件中，被告人需要在其他被告人出庭时进行回避，但是辩护律师可以全程参与其他被告人的出庭过程，因此，在其他被告人出庭时，不能简单地暂停对被告人端的庭审播放，而需要将该被告人转移到远程视频室以外的其他空间，与远程视频提高司法效率的本意相悖。所以，无论是从远程视频改革效果的实现来看，还是从对传统诉讼模式的遵照来看，律师都必须居庭审之中，而与当事人隔于屏幕两端。

无论是出于对公诉人国家权力背书的信任，还是受制于辩护律师方远程视频接入的技术困境，律师在远程审判中，对远程审判的选择权和远程审判时的辩护权保障都具有瑕疵。“司法活动是国家核心公共权力的运行，涉及司法活动主体最基本的权利，因此必须慎之又慎。”① 权力需要保持谦抑性，当无法保证辩护律师在远程审判过程中充分发挥辩护效果时，可以暂缓该类案件公诉人的远程出庭，保护控辩双方在诉讼中的平衡状态。

第六节 余论：互联网法院能否进行刑事审判

2017 年发布的《中国互联网未来 5 年趋势白皮书》显示，中国互联网用户数量已达 7.10 亿人，51.7% 的中国人接入了互联网。与此同时，涉网纠纷也更多地出现在人们越发频繁的网络交往之中。《人民法院报》数据显示，我国淘宝网平台 5 年来已有 260 万个争议通过“阿里大众评审”机制解决，其中 2014 年全年就有 73.7 万个。② 不可否认，法律体系的变革压力正与社会经济电子化程度同步增大。有学者曾指出，互联网和传统的政治平台最大的不同之处在于，“互联网所做的政治动员，无一不具有强烈的民粹倾向性”，并且会在国际层面“把民粹转型为民族主义，产生严重的网络安全问题”，所以在互联网时代格外需要对国家权力进行掌握，以防止异化。③ 审判权作为一项国家权力，对其权力内容的掌握，也就成了互联网时代的一项重要内容。

2017 年 8 月 18 日，在“网上案件网上审”的理念下，杭州互联网

---

① 胡铭、王凌皞：《现代科技引入司法的十大核心问题》，载《中国社会科学报》2019 年 10 月 16 日，第 5 版。

② 疏义红、徐记生：《从在线争议解决到互联网法院》，载《人民法院报》2017 年 11 月 11 日，第 2 版。

③ 参见郑永年：《中国的当下与未来》，中信出版社 2019 年版，第 481－482 页。

法院（以下简称互联网法院[①]）试点成立，相较于前文所述的远程审判，互联网法院虽然涵盖了远程审判的全部特性，但又超脱其外，试图将审判的全部内容通过远程化的互联网进行实现。其目的不仅在于提高司法效率，还在于实现整个互联网的“共建共治”。[②] 随着北京、广州互联网法院的相继增设，[③] 互联网产业最为发达的华北、华东、华南地区均已搭建互联网审判权实行机构，[④] 通过互联网法院实现掌握网络主权的布局已基本完成。[⑤]

但是，目前的互联网法院只是将民商事纠纷、行政纠纷作为主要案件来源，刑事诉讼被暂时排除在外。那么，对于刑事司法而言，互联网法院的审判模式能否得到应用？未来刑事诉讼是否一直处于被互联网法院排除在外的状态？笔者试图对此部分内容作出分析。

有学者在研究人工智能的治理模式时提出，政策制定者往往缺乏专业的技术知识与技术预见，而技术开拓者则无法保持令人信服的中立性与权威性，对此最佳的解决途径只能是鼓励各方积极参与。[⑥] 从互联网法院对目前纠纷的处理情况来看，制度与技术得到了一定融合，互联网

---

① 根据最高人民法院的习惯性表达，以及杭州互联网法院独特的标杆地位，本书中“互联网法院”特指杭州互联网法院。例如，中国法院网在新闻报道中也习惯性地将杭州互联网法院简称为互联网法院，参见《探索互联网审判新模式》，载中国法院网，https：//www.chinacourt.org/article/detail/2017/08/id/296921 5.shtml。

② 参见周翠：《互联网法院建设及前景展望》，载《法律适用》2018 年第 3 期。

③ 罗沙：《最高法：在北京、广州筹备增设互联网法院》，载中华人民共和国中央人民政府网，https：//www.gov.cn/xinwen/2018－07/25/content_ 5309223.htm。

④ 以互联网科技企业总部为例，排名前五的城市分别为北京（百度、新浪、京东、滴滴、爱奇艺等）、上海（携程、饿了么、bilibili、前程无忧等）、深圳（腾讯、顺丰、迅雷等）、广州（唯品会、UC 等）、杭州（阿里巴巴、网易等），互联网三巨头 BAT（百度、阿里巴巴、腾讯）也分别分布在华北（北京）、华东（杭州）和华南（深圳）。

⑤ 李怀胜等：《杭州互联网法院的历史意义、司法责任与时代使命》，载《比较法研究》2018 年第 3 期。

⑥ 腾讯研究院等：《人工智能：国家人工智能战略行动抓手》，中国人民大学出版社 2017 年版，第 337 页。

技术与审判方式之间彼此影响,[①] 产生了许多与传统的纠纷解决机制所不同的特性。其一，异步审理模式对空间和时间的双重突破。如果说普通的远程视频审判只是对空间有所突破，那么互联网法院则“野心勃勃”，对时间也进行了突破。根据杭州互联网法院公布的《涉网案件异步审理规程（试行)》的规定，互联网法院开创了首个“异步审理”模式，将涉网案件各审判环节公布在互联网法院网上诉讼平台，法官与原告、被告等诉讼参与人在规定期限内按照各自选择的时间登录平台以非同步方式完成诉讼。在互联网法院通报的“十大知识产权典型案例”[②]中，其适用异步式裁判规则审理的第一起案件便是网络传播权纠纷——金陵十三钗案。双方当事人在这一新型审判模式中，可通过留言的形式在平台内进行答辩。对此，互联网法院的解读是，异步审理模式可以有效地解决时差等原因所造成的控辩效率问题，“让庭审过程的核心内容通过空余时间完成”[③]。其二，协商性司法需进行“强制性”应用。在线纠纷解决机制（online dispute resolution，ODR）是一种非诉讼的在线解决纠纷机制，是指依靠网络信息技术对法律文书进行收发，对证据进行交换，最终在当事人之间达成协议、化解纠纷的模式。[④] 虽然 ODR 将传统的电子诉讼排除在外，但是互联网法院并没有因此排除 ODR 的适用。当前，互联网法院构建了“矛盾纠纷多元化解平台”，在诉讼程序前设置了“调解前置程序”——每一个纠纷都将经历 15 天的诉前调解程序。从 2023 年以来案件记录的数据来看，在剔除“转线下”的情

---

① 有关互联网法院将技术与规则相融合的具体论述，可参见侯猛：《互联网技术对司法的影响——以杭州互联网法院为分析样本》，载《法律适用》2018 年第 1 期；陈增宝：《构建网络法治时代的司法新形态——以杭州互联网法院为样本的分析》，载《中国法律评论》2018 年第 2 期。

② 参见《盘点：杭州互联网法院网络著作权十大典型案例》，载中国国际电子商务网，http：//www. ec. com. cn/article/qyds/zj/201804/27820_ 1. html。

③ 参见《杭州互联网法院启动全球首个异步审理模式》，载浙江省人民政府网，http://kjt. zj. gov. cn/art/2018/4/4/art_ 1228971345_ 40877192. html。

④ 参见郑世保：《在线解决纠纷机制（ODR）研究》，法律出版社 2012 年版，第 32 页。

形后，互联网法院所受理案件的总体调解、撤诉比例高达77.83%，高于普通案件60%左右的调解、撤诉率。

作为“司法流程再造的试验样本”[①]，互联网法院虽然对民事诉讼、行政诉讼等各类纠纷的调解机制和审判方式进行了技术性变革，但是对于刑事司法而言，这些变革在目前的制度框架之内难以实现。根据集中审理原则，法庭对案件的审理原则上应当持续不断地进行，直至审结，这是司法亲历性的重要内容。[②] 当前，互联网法院“异步审理”模式所采用的“非同步”的答辩机制，规定了一定时间的答辩期限，只要在答辩期限内完成相应的法庭步骤，仍可将整个法庭视为不间断地进行。从制度的角度来看，这一立法思路看似尊重了司法亲历性的集中审理原则，但是，就现实实施的角度而言，刑事司法对于法庭的“不间断”要求更高，非同步的答辩方式并不符合刑事司法亲历性。一般来说，在法庭阶段，双方当事人面对面地举证、质证、法庭辩论，囿于你来我往的时间限制，很多未经过深思熟虑和利益考量的言语表达会更接近于事实真相。而在“异步审理”碎片化的审理时间内，原本可一气呵成的法庭过程被分解成了无数个阶段，各个阶段之间又有着较长的时间间隔，这会加长法官心证的过程，加大查明真相的难度。虽然这一问题尚未在案情并不复杂的民事案件中突出，然而却在处理复杂民事案件以及证明标准更高的刑事案件时无法回避。

互联网法院也意识到了法庭亲历性层面的减损，故运用“强制性调解”,[③] 维持并加强目前高撤诉、高调解的结案方式，以避免案件进入诉讼模式。一旦纠纷当事人通过ODR方式达成协议后撤诉，纠纷将不

---

① 参见陈国猛：《互联网时代资讯科技的应用与司法流程再造——以浙江省法院的实践为例》，载《法律适用》2017年第21期。

② 参见朱孝清：《司法的亲历性》，载《中外法学》2015年第4期。

③ 根据互联网法院的《立案须知》，在互联网法院平台进行的纠纷，都要经过15天的诉前调解，否则将转为普通程序。这就意味着，那些已经无法调解、双方陷入谈判僵局的案件，必须经过15天的等待才可以进入庭审阶段。

会进入法庭审理阶段，司法亲历性的原则性要求也就无须对其产生束缚。但是仍可以看出，这只是对互联网审判局限性的妥协，刑事司法显然无法回避这些问题——在公诉案件的四类不起诉情形中，[①] 被害人谅解并不当然属于其中，即便是控辩双方达成合意的协商性司法，也需要通过开庭的方式进行审理，无法像民事案件一样通过强制性调解的前置程序来阻断案件进入诉讼模式，“认罪认罚从宽”“被害人谅解”等意愿性因素并不直接具备撤诉案件的效果。所以，司法亲历性层面的困境在刑事司法中难以回避。

但是，是否一度规避刑事司法在互联网法院中的应用，就可以保证司法体制的稳定性？显然，就互联网法院的构建初衷而言，互联网审判模式还是需要向刑事司法迈进。互联网环境的治理绝非民事、行政领域的事情，真正影响互联网安全与秩序的，更多的来自互联网诈骗、网络舆情滋事等刑事案件，这些案件在线上发生而在线下审理，“方便当事人”这一单一化目标自然并无不妥，但是互联网法院并不仅仅承担如此单调的职能，更在于宏大的互联网治理领域。

目前，由于互联网审判的局限性，互联网刑事案件发生于线上，处理于线下，产生了线上、线下的割裂。就事端解决的过程而言，这种方式并无不妥，但不利于结果意义上的社会效果恢复与完善。例如，在2020年年初新冠肺炎疫情大肆侵袭的背景下，网络谣言四起，根据北京师范大学网络法治国际中心的整理数据，截至2020年2月15日21时，我国已经公开查处217例网络谣言案件。虽然大部分案件以行政处罚的方式得到了解决，但不乏一些社会影响较大的案件进入了刑事司法领域。这些案件转为线下审理，社会恐慌的修复存在一定的困难，在“全国一盘棋”的情形下，也容易由于地方司法的不统一、缺失透明监

---

① 本书所言的“四类”不起诉情形是指法定不起诉、酌定不起诉、证据不足不起诉以及针对未成年人的附条件不起诉。

督而产生公信力危机。[1]

此外，我国刑事案件与民事、行政案件的划分主要是以“行为”为依据，并非所有的刑事案件当事人都会被采取人身方面的强制措施，未采取强制措施的当事人理论上存在互联网审判的可能。但是，目前未对此进行过探讨与甄别，在未来亦存在研究空间。总之，在我国司法改革进程中，远程审判存在规范性问题，结合国内外实践经验，可作出适当调整。而互联网法院在步调上更为宽泛，对于程序法原则作出了突破，不能仅令其停留在民事审判和行政审判的场域之中，受案范围有待挖掘。

---

① 例如，同样妨碍社区管理的黑龙江辅警张某和四川辅警陈某，由于得到了不同的处罚结果，而遭到了网民的大范围声讨。

第三章　刑事审判信息化与电子卷宗

2018 年年末，最高人民法院“卷宗遗失案”引发舆论哗然，卷宗的保管问题成为社会大众所谈论的焦点。[①] 事实上，纸质卷宗在保管、使用等过程中的局限性，早在“智慧法院”建设初期就成了司法改革的重要对象。2016 年，最高人民法院发布《关于全面推进人民法院电子卷宗随案同步生成和深度应用的指导意见》（以下简称《法院电子卷宗意见》）。该意见要求在“2017 年底前，全国法院全面实现电子卷宗随案同步生成和深度应用”[②]，电子卷宗的改革被寄予厚望。同年，最高人民检察院发布《人民检察院制作使用电子卷宗工作规定（试行）》（以下简称《检察院电子卷宗规定》）。虽然检察院的电子卷宗多用于内部办案、审核等事项，但该规定也阐述了“人民检察院与人民法院、侦查机关、刑事执行机关之间拟建立协同办案平台共享电子卷宗”[③] 的计划。而公安部早在 2010 年出台的《关于进一步规范和加强公安机关执法信息化建设的指导意见》中提出，“有条件的地方，可实行电子卷宗

---

① 相关报道可参见《中央政法委牵头的联合调查组公布“凯奇莱案”卷宗丢失等问题调查结果》，载中华人民共和国中央人民政府网，https：//www. gov. cn/xinwen/2019 -02/22/content_ 5367791. htm。

② 参见《最高人民法院关于全面推进人民法院电子卷宗随案同步生成和深度应用的指导意见》，载最高人民法院网 2016 年 8 月 2 日，https：//www. court. gov. cn/fabu/xiangqing/37402. html。

③ 参见《人民检察院制作使用电子卷宗工作规定（试行）》，载最高人民检察院网，http：//www. spp. gov. cn/flfg/gfwj/201601/t20160106_ 110448. shtml。

网上自动生成”。[①]

然而，电子卷宗全面落实的预期早已过去，电子卷宗在法律和技术上“已无障碍”，推广进程却“仍然缓慢”。[②] 作为证据载体，卷宗经历了从全案移送到复印件移送，再回归全案移送的反复性改革，依然在我国的司法实践中发挥着无比重要的作用，但电子卷宗并未与智能辅助等智慧法院建设的其他子项一样被学界广泛讨论。[③] 实践和学理的相对清冷，折射出了电子卷宗在发展上存在一定的困境。那么，它最初的功能预设是否存在问题？它与司法改革的宏观背景是否存在异化？它的未来进路又在何方？本章拟对这些问题作出探究。

第一节　电子卷宗的概述

一、电子卷宗的定义

电子卷宗作为审判活动进行传递信息的载体，在不同的司法机构有着不同的解读——既有将其视为内部信息传递的载体，也有将其定位为整个刑事司法流程信息传递的载体。与之相对应，电子卷宗的定义，在最高人民法院和最高人民检察院就有了不同的表述。

最高人民检察院认为，电子卷宗仅为纸质案卷的电子化。在《检察院电子卷宗规定》中，最高人民检察院指出，“案件办理过程中产生的材料所形成的诉讼档案，需要进行电子化处理的，依照档案管理的有关

---

① 参见《公安部关于进一步规范和加强公安机关执法信息化建设的指导意见》，载电子政务网 2012 年 4 月 14 日，http：//www. e－gov. org. cn/article－120348. html。

② 参见邵克、张宇：《刘红宇委员：推进法院广泛应用电子卷宗系统，提升审判效率》，载澎湃网 2019 年 3 月 6 日，https：//www. thepaper. cn/newsDetail_ forward_ 3085093。

③ 对于“卷宗”和“案卷”，其所指大体一致，习惯性用法可参见孙远：《卷宗移送制度改革之反思》，载《政法论坛》2009 年第 1 期；郭华：《我国案卷移送制度功能的重新审视》，载《政法论坛》2013 年第 3 期。

规定办理”，诉讼档案不属于电子卷宗。在人民检察院的电子卷宗制作流程中，也仅将纸质卷宗进行了电子化。与最高人民检察院不同的是，最高人民法院在《法院电子卷宗意见》中将电子卷宗定义为“法院在案件受理时接收或办理过程中形成的电子文档、图像、音频、视频等电子文件，以及将纸质案卷材料依托数字影像、文字识别等技术制作而成的电子文档、数据等电子文件”，包括电子化的纸质案卷和案件受理过程中所形成的文件。对于实际操作中的争议，最高人民法院又在 2018 年出台《关于进一步加快推进电子卷宗同步生成和深度应用工作的通知》，强调电子卷宗并非电子档案，不能只简单地将纸质案卷材料扫描为电子版。

除了对电子卷宗内涵有着不同的诠释，检察院和法院对电子卷宗的使用方式也存在差别。在检察院系统，电子卷宗以内部办案的需求为主，并对电子卷宗的对外使用进行了较为严格的程序规制。根据《检察院电子卷宗规定》第 12 条规定，进行出庭公诉时，办案人员需将电子卷宗导入到符合保密要求的设备中，且在使用完成后应当及时删除；进行其他工作时，电子卷宗需要分管院领导批准后方可使用。《检察院电子卷宗规定》第 13 条则对律师和其他辩护人、诉讼代理人对电子卷宗的使用进行了规范，“案件管理部门应当在审核认证后，将电子卷宗从统一业务应用系统中导入到独立的阅卷终端，供其查阅”。与检察院对待电子卷宗较为谨慎的态度不同，法院对于电子卷宗则持一个相对开放的态度。例如，《吉林省高级人民法院机关电子卷宗随案同步生成及深度应用管理规范（试行）》第 11 条规定，诉讼当事人、代理律师可通过吉林电子法院平台在线浏览可公开的电子档案。相较于检察院对于查阅电子卷宗在安全性上的重点考量，法院赋予了律师、当事人更为简易的查阅准入机制。

二、电子卷宗的意义

（一）内部事务层面

有学者曾指出，当前我国法院信息化改革的两大价值，就在于提高法院事务性工作的高效化和业务性工作的便捷化，[①] 而对应电子卷宗的相关改革，其事务性层面的改革优势，便在于将法官从堆积如山的案卷材料中解放出来。根据有关研究的披露，截至 2018 年年底，全国已有 2/3 的法院完成了电子卷宗随案同步生成和深度应用工作的建设和部署，[②] 法官从繁重的事务性工作中被剥离出来，工作负担得以减轻。电子卷宗在设立初期，就在于减轻法官审判压力，尤其是刑事案件，法官办公室往往有堆积如山的案卷，法官在翻阅案卷、查阅证据的过程中需要耗费许多精力。而电子化后的卷宗材料，法官可以在计算机上完成对卷宗的阅览，加诸证据材料编目的清晰化，法官在对案情的整理过程中有着更为便捷的视觉化效果。例如，“以电子档案为主、纸质档案为辅”的浙江省玉环市人民法院，通过将程序性文书 100% 自动归目，证据材料与卷宗目录识别匹配归目，并通过政法数据平台等电子渠道将电子文件直接入卷，减少了诸多生成案卷材料的资源，纸质材料归档量减少 70% 以上，有效地缓解了法官查阅案卷的压力。[③]

（二）外部业务层面

信息技术的发展为庭审证明过程的简化提供了许多有益的案例，[④]

---

① 参见郭烁：《法院信息化建设二十二年：实践、问题与展望》，载《浙江工商大学学报》2019 年第 1 期。

② 参见金慧慧：《最高法：三分之二法院基本实现电子卷宗随案同步生成》，载新浪网，http：//news. sina. com. cn/o/2018 – 09 – 13/doc – ihiixzkm8091842. shtml。

③ 参见应一豪等：《电子卷宗让档案成功“瘦身”》，载中国法院网，https：//www. chinacourt. org/article/detail/2018/09/id/3501736. shtml。

④ See Lee G. （1983）, *Information technology*: *The law society response to the challenges*, International Legal Practitioner, Vol. 8：2, p. 60 – 64.

而在我国的庭审证明过程中，电子卷宗也简化了许多原先较为烦琐的过程。例如，四川省崇州市人民法院通过电子卷宗在显示屏中进行展示的方式，简化了原先证据展示、庭审笔录核对等过程，将审判时长从这些事务性工作中释放出来。① 我国台湾地区近年来也开始将电子卷宗适用于司法之中，② 并且在交通肇事等案件的庭审过程中，通过直接从电子卷证中展示录像视频，降低了诉讼主张过程中的难度。目前，在我国的审判环节，电子化的证据材料主要通过打印等纸质化形式进行呈现，法官往往在庭后对这些电子化的证据材料进行审核，在司法资源的安排上具有一定的重复，而电子卷宗将这些证据材料以电子化的形式在审前进行固定，可以将庭审证明过程中对证据的展示有效简化。

第二节　电子卷宗的现状与问题

一、电子卷宗的现状

虽然电子卷宗在审判环节减轻了法官事务性工作的负担，也在一定程度上简化了庭审的证明过程，节约了庭审时间，但是刑事电子卷宗自侦查而始，至执行完毕而止，并非仅牵涉法院，也关涉检察院、公安等相关部门，所以对其现状与问题的反思，不得不将视线放置于整个司法流程之中。一如本书前文所言，检察院和法院体系对于电子卷宗有着不同的规定，而这也导致了电子卷宗在实施过程中缺少统一的标准，尤其在需要进行案卷移送的刑事司法中，关于卷宗的移送等对接环节，现实意义上的“电子卷宗”与规范意义上的“电子卷宗”有所差异。

---

① 参见《揭秘无纸化审判！崇州法院首次使用电子卷宗开庭审案》，载搜狐网2019年2月17日，http：//www. sohu. com/a/298040532_ 120056053。

② 参见陈典圣：《电子卷宗——行政执行3.0（一）》，载《法务通讯》2018年6月22日。

根据《检察院电子卷宗规定》第 8 条的规定，电子卷宗具有两种主要的生成方式，分别为纸质卷宗的电子化和公安机关或法院移送的电子文档，由于刑事卷宗起始于侦查环节，检察机关也希望能得到公安机关的移送。但在一项调研中，有检察官表示，公安机关对电子卷宗不完全移送的情况时有发生，移送的电子卷宗也存在瑕疵，[①] 检察院却对此束手无策。由于在电子卷宗的移送问题上并未建成“共同体”，《检察院电子卷宗规定》第 14 条对检察院向法院移送案卷设置了较高的规范要求，检察院认为，其并非必然地需要向法院移送电子卷宗，需要移送时，要向分管院领导报批，且只能使用光盘的方式进行移转。

为了解决公、检、法三机关之间的“移送难”问题，各地试图通过同一行政级别、区划的公安机关、检察机关、法院之间建立联动机制的方式来约束各个机关之间的电子卷宗移送、使用等活动，但显然这种联动机制在法律效力上不具有任何约束力，也无法涵盖需要跨行政级别或跨行政区划移送的案件。并且，由于是公、检、法三个机关或其中的两个机关进行联动而创立的规则，在对电子卷宗的定位上多有妥协，与最高人民法院的最初预设有所差异。例如，在安徽省蚌埠市中级人民法院与该市人民检察院、公安局共同制定的《关于刑事案件电子卷宗移送流转工作的意见（试行）》中，[②] 只是将电子卷宗视为纸质卷宗的电子化，并未将“案件受理过程中所形成的文件”纳入其中。所以，虽然最高人民法院试图利用数据留痕等新型技术，对电子卷宗进行突破于纸质卷宗的革新，但受制于实践过程中的种种原因，目前现实意义上的电子卷宗仅是对纸质卷宗的电子化。

---

① “有些不同办案阶段的电子文书内容完全相同，甚至连标点符号都一模一样。有的竟然在半个小时的讯问时间内记录下十多页的讯问笔录，实际上根本不可能。”参见李长城：《中国刑事卷宗制度研究》，法律出版社 2016 年版，第 162 页。

② 参见邱亮亮：《蚌埠中院与市检察院、市公安局建章立制　规范刑事案件电子卷宗移送流转》，载蚌埠法院网，http：//bbzy. ahcourt. gov. cn/article/detail/2017/09/id/2989665. shtml。

二、电子卷宗定位属性的问题

从当前电子卷宗的定位来看，其改革投入与我国“以审判为中心”的改革方向有所冲突。电子卷宗作为审判信息化改革的构成，既受到信息化建设的规范调整，又需要与审判的相关改革同步。而在审判的改革领域中，“审判中心主义”是电子卷宗最应当受到约束的改革内容。与全案移送制度相比，当今司法实践中狭义上的电子卷宗只是在卷宗载体的形态上发生了变化，其本质依然是对卷宗材料的极大依赖。然而，在我国以对抗式诉讼为主要价值目标的背景下，卷宗本身就存在诸多局限性，它在一定程度上是过去以侦查为中心的代表，因为引发了许多冤假错案而广受争议。例如，在张氏叔侄案中，该案的卷宗材料经过侦办人员的“修饰”,[①] 使该案一度被坐实为“铁案”，但最后却成了广为轰动的一起冤假错案。过分依赖这些存在严重缺陷的案卷材料进行法庭审理，会给司法审判带来不利的后果。[②] 虽然，审判中心主义的改革并未对卷宗制度产生直接冲击，“案卷中心主义”与“起诉状一本主义”亦未在各国多年的司法习惯中分出绝对的优劣，但就我国向着对抗式诉讼方向发展的角度而言，在不改变现有案卷材料作用与功能的前提下，再对其投入大量改革资源，与整体的司法改革步履有所背离。

另外，电子卷宗的试点与“智慧司法”的信息化改革预期也存在偏差。电子卷宗试点的初衷，在于解决“人案失衡”的司法效率问题，以期通过信息化手段将法官从事务性工作中剥离出来,[③] 这也是“智慧司法”信息化改革的宏观预设。然而，对法院而言，现阶段的电子卷宗

---

① 据杭州市公安局聂海芬在中央电视台的节目中所述，张氏叔侄案在“零口供”的情况下，通过突击预审等手段才坐实为“铁案”。事后，《南方周末》记者在采访张氏叔侄及相关人员后披露，这些证据前后矛盾，有经过事后加工的嫌疑。

② 参见王敏远等：《重构诉讼体制——以审判为中心的诉讼制度改革》，中国政法大学出版社2016年版，第157页。

③ 参见胡昌明：《建设“智慧法院”配套司法体制改革的实践与展望》，载《中国应用法学》2019年第1期。

并没有充分地发挥这一效能。第一，由于电子卷宗存在不完全移送风险，在使用电子卷宗后还需要将其与纸质卷宗进行核对。为了解决这一问题，济南市市中区人民法院将电子卷宗系统的使用情况与考核挂钩，甚至出台措施规定，“未经批准，档案室不得出借纸质卷宗”[①]。但是，这种法院的自我规制并不能倒逼公安机关、检察部门进行充分的移送，反而给这些机关留下了制度漏洞——可以通过部分移交而扣留对其不利的电子卷宗，“类复印件主义”无法杜绝。第二，公、检、法各部门相对脱节的电子卷宗试点也人为地增加了卷宗本身录入、鉴真等过程的司法成本。例如，S市公安局与检察院虽然进行了卷宗档案电子化工作，[②]但与该市中级人民法院实行的电子卷宗系统的对接程度很低，所以该市中级人民法院案管办需要自行承担电子卷宗的录入工作，压力堪重。而在公、检、法三部门都已建成电子卷宗的四川省，其法院系统在对电子卷宗工作的总结中亦表示，公、检、法三部门“各自为政”，形成了“信息孤岛”，无法实现电子卷宗系统的有效共享与对接。[③] 可见，电子卷宗的改革并未如预设般成为高效司法的助推剂，甚至还为法院的工作带来了新的“烦恼”。

在法院难以实现信息化改革宏观预期的现实之余，辩护律师、公安机关、检察院这些电子卷宗的参与者秉持不同立场，也为电子卷宗试点增加了不小的难度。对辩护律师而言，在没有确定力的规则保证电子卷宗完全电子化的情况下，为了确保对证据的全方位掌握，还需要对纸质材料进行阅卷。而对检察院和公安机关而言，他们“依靠信息独占而出

① 济南市市中区人民法院课题组：《一个基层法院的电子卷宗实践——以济南市市中区人民法院为样本》，载李林、田禾主编：《中国法院信息化发展报告No.1（2016）》，社会科学文献出版社2017年版，第349页。

② 应被采访者要求，作隐名处理。

③ 参见四川省高级人民法院：《四川法院创新电子卷宗、电子档案新模式调研报告》，载李林、田禾主编：《中国法院信息化发展报告No.1（2017）》，社会科学文献出版社2017年版，第341－342页。

奇制胜”的心态无法杜绝，[①] 公诉的职能和立场也并不必然地需要为司法提供便捷。[②] 所以，这些既构成了现阶段电子卷宗试点的局限，也是它在发展过程中难以回避的困境。

三、电子卷宗运行规范的问题

如果说成为与相关司法改革的“有所出入”是一种现实存在的尴尬境地，那么“司法倒退”则是一种建立在“未来法学”意义上的忧虑。纸质卷宗的电子化是一种对载体的变革，不禁让我们想起了多年前我国司法的独特实践——复印件主义。根据我国1996年《刑事诉讼法》，检察院提起公诉时只能移送证人名单、证据目录以及主要证据的复印件、照片。至1998年，全国人民代表大会常务委员会法制工作委员会牵头对复印件主义进行完善，以司法解释的形式确立了“庭后移送制度”，检察院可以在开庭审理后3日内移送全部案卷。复印件主义看似对英美法系“起诉状一本主义”和大陆法系“案卷移送主义”进行了融合，但实施效果并不理想。一方面，复印件主义无法改变法官对于卷宗材料的依赖程度。我国相对较为快速的庭审过程无法使法官对案件作出准确的决断，法官往往会在得到全部案卷的庭后作出实质意义上的裁判。这虽然在一定程度上限制了庭前预判的发生，但也使庭审沦为一种“预习”，审判虚化现象依然存在，[③] 庭审实质化的效果并未得到加强。另一方面，辩护人查阅卷宗权利的行使也随着卷宗复印件的移送而变得艰难，辩护人无法在庭审前掌握所有证据材料，令庭审过程中的控辩双方处于一个极不平衡的状态。因而，多地检察院与法院达成默契，

---

① 陈卫东、郝银钟：《我国公诉方式的结构性缺陷及其矫正》，载《法学研究》2000年第4期。

② See Taslitz A. E., *Cybersurveillance Without Restraint: The Meaning and Social Value of the Probable Cause and Reasonable Suspicion Standards in Governmental Access to Third-party Electronic Records*, Journal of Criminal Law and Criminology, Vol. 103: 3, p. 839-906 (2013).

③ 参见熊秋红：《以念斌案为标本推动审判中心式的诉讼制度改革》，载《中国法律评论》2015年第3期。

恢复了庭前移送案卷的传统，[①] 复印件主义制度在实践中被逐渐虚置。至2012年修订《刑事诉讼法》时，该制度被完全废止，结束了它在中国司法实践中的短暂一瞬。

虽然，电子卷宗并未在规范层面对目前的移送制度产生影响，但复印件主义这一并不成功的改革，却也给如今电子卷宗的尝试提出了许多弥足珍贵的警示，让我们对电子卷宗重蹈覆辙成为“类复印件主义”产生忧虑。其一，电子卷宗的全案移送问题。由于电子卷宗并未得到具体法律条文的赋能，传统纸质卷宗的全案移送并不等同于电子卷宗的移送规则，导致实践中出现了选择性移送的现象。于裁判者而言，在电子卷宗无法保证充分的全案移送的情况下，只要是不完整的移送，都可能会令事实认定产生误差，他们也就更倾向于使用传统的纸质卷宗。其二，电子卷宗对辩护律师阅卷权的保障问题。在检察院层面的阅卷和复制规则上，电子卷宗有着比传统纸质卷宗更为严谨的审批手续，这也为“阅卷难”问题埋下了隐患，复印件主义的问题同样会在电子卷宗的实践中出现。例如，在湖北省武穴市人民检察院有关电子卷宗的查阅规则中，律师阅卷并未因此变得便捷。该检察院需要律师提供授权委托书、介绍信、律师执业证等，律师被批准阅卷后，也仅能在律师接待室查阅，且只能根据需要“打印有关材料”。[②]《检察院电子卷宗规定》也规定，电子卷宗主要在U盘、光盘等封闭式的介质中进行储存，对其移送也需借由人力进行转交，鲜有设置远程转交的方式。辩护律师除了在卷宗的复制上比原先的拍照等手段有所简略以外，并未充分享受到电子卷宗的改革红利，司法效率也并不能因此得以提高。所以，从这些意义上来看，电子卷宗很有可能如复印件主义一般，由于卷宗材料的完整性、阅卷的难度等问题而成为司法的一种倒退。

---

① 参见陈瑞华：《案卷移送制度的演变与反思》，载《政法论坛》2012年第5期。

② 参见《电子卷宗100%制作率 法律监督保障强有力》，载微信公众号“武穴检察”2019年6月11日，https：//mp. weixin. qq. com/s/dp2qI_ eZjThi3of－0pk3Eg。

第三节 电子卷宗的发展动力

由于电子卷宗的定位与功能在实践中发生了一定的异化，并且与司法改革的总体目标设计有所差异，与其他人工智能、远程诉讼等司法的信息化试点相比其改革进程相对较慢，学界也很少对它进行讨论。[①] 作为一种纸质卷宗的电子化，现阶段的电子卷宗未能对其功能进行突破，“对外服务功能与对内管理辅助功能远未挖掘出来”[②]。《法院电子卷宗意见》也曾指出，要“深入挖掘电子卷宗应用潜力，积极拓展电子卷宗应用范围”。电子卷宗需要寻求一种更广义维度下的功能拓展。事实上，在数据留痕等新型科技支撑下，电子数据的获取、保存、移送等水平都有所提高，电子卷宗可以试图从档案、证据材料向着“过程证据”扩展。

所谓过程证据，是一种形成于案件发生之后，对刑事诉讼中的过程事实提供证明的证据分类，一般表现为实物证据和言词证据两种形式。[③] 目前，在我国的司法实践中，过程证据仅存在于学理讨论，并不具有确定的概念，但笔者试图对扩展为过程证据的电子卷宗作出描述——它主要是指从案件进入司法程序开始，公、检、法各个机关的司法行为及其获取的证据材料，都以电子化的形式被固证。在司法文明不

---

① 在中国知网的期刊栏目的CSSCI数据库中，以“人工智能+裁判”“远程审判”“电子卷宗”三者作为主题关键词分别进行搜索，“人工智能+裁判”的文章数为35，“远程审判”的文章数为7，“电子卷宗”的文章数为0。且在其他刊物中，电子卷宗多为档案学范畴内的话题，鲜有法学学者论及。当然，这并不能确切地表现出相关研究的热度，仅大致描摹学界对这些领域的关注程度。

② 参见济南市市中区人民法院课题组：《一个基层法院的电子卷宗实践——以济南市市中区人民法院为样本》，载李林、田禾主编：《中国法院信息化发展报告No.1（2017）》，社会科学文献出版社2017年版，第344页。

③ 参见陈瑞华：《论刑事诉讼中的过程证据》，载《法商研究》2015年第1期。

断进步之今日，通过电子卷宗来丰富过程证据的构成，具有现实需求性与技术可行性。

一、现实性基础

在司法证明的过程中，过程证据主要通过对证据材料的同一性以及言词证据的真实性作出证明，即广义上的鉴真（authentication/identification）①。在美国联邦证据规则中，对展示性证据的鉴真结果是证据是否具有可采性的准入条件。我国虽然没有在证据标准中对鉴真的具体规则作出细化，但其理念也存在于诉讼法则中。例如《民事诉讼法》第70条第2款规定，“人民法院对有关单位和个人提出的证明文书，应当辨别真伪，审查确定其效力”。《最高人民法院关于适用〈中华人民共和国刑事诉讼法〉的解释》第247条规定，“控辩双方申请证人出庭作证，出示证据，应当说明证据的名称、来源和拟证明的事实……”。

然而，即便赋予了对过程性事实进行审查的义务，但过程证据在司法活动中依然相对稀缺。例如，在念斌案中，翻案最重要的两个证据——毒物鉴定与视频连续性鉴定都在同一性问题上有所缺陷。根据对该案辩护律师的采访可以得知，② 在侦查部门出具的毒物鉴定中，被害人的尿检检材与毒物标样的质谱图完全一致，被害人的呕吐物与血检亦为同一检材，这说明侦查机关在证据保管或鉴定过程中存在程序瑕疵。而念斌的讯问录像也存在明显的“断点”问题，且事后查证是警方通过“调包”手段，将没有断点的录像光盘提交公安部进行鉴定，以获

---

① 也有学者曾将“authentication”和“identification”分别翻译为“鉴真”和“辨认”。参见张保生主编：《证据法学》，中国政法大学出版社2014年版，第194－195页。这种区分主要是面向国内联邦证据规则的初学者。就学术层面而言，“authentication”和“identification”在美国联邦证据规则中的意涵基本一致，唯一的区别在于二者的语境习惯不同，言辞类证据规则使用“authentication”居多，实物证据的相关规则使用“identification”居多。

② 参见《念斌：从死刑到无罪》，中央电视台“法治在线”栏目2014年9月13日播出，http：//tv. cctv. com/2014/09/13/VIDE1410586738746314. shtml。

得视频具有连续性的鉴定书。[1] 在2012年《刑事诉讼法》修订前，卷宗移送的复印件主义所导致的“阅卷难”，使辩护方根本无法获取这些过程证据，并且由于过程证据的数量较少，在诉讼过程中还需要借由其他手段对这些程序性问题进行推断。[2] 念斌案在福建省高级人民法院审理时，就花费了一天半的庭审时间对鉴定毒物的同一性问题等进行法庭调查，而这些本可以通过规范的过程证据得以证明。在聂树斌案中，也同样存在过程证据缺失而导致审判结果抱憾的情况。比如，在聂树斌的第一份有罪供述中，他曾提出“我以前说的是假话，我对不住政府”，然而在卷宗中却并未发现聂树斌曾作过任何无罪辩护。究竟是在哪一环节出现了问题，过程证据的缺位令这一谜团永远地被历史尘封。

虽然，念斌案、聂树斌案都只是个例，它们在司法活动不断规范化之今日愈发显得异端。但由于过程证据的生成、保管、移送都主要由侦查部门负责，即便在伪证罪等刑事规则的威慑下，这种对“自身行为”的“自我约束”，依旧难以发挥实际效能。并且，对纸质卷宗中部分内容进行篡改或删减，确实无法轻易识别，很多情况下只能对该被篡改的材料进行检测或结合其他证据进行推断才能得出相关结论，导致可供使用的过程证据数量少、获取难度大。例如，在一起寻衅滋事案件中，作为派出所所长的张某篡改卷宗，更改监控说明等材料，且该行为没有被及时发现，致使四年间，该案一直因证据不足而无法起诉。[3] 虽然，该案通过出警记录等其他过程材料的辅助印证最终得以裁判，但对司法效率与司法公信力产生了极大的负面影响。

这种“自我约束”所引发的过程证据缺失在民事纠纷中亦同样存在波折，对司法过程合法性的证明也同样存在证据相对较少的情况。例如，

---

① 参见王敏远等：《重构诉讼体制——以审判为中心的诉讼制度改革》，中国政法大学出版社2016年版，第158页。

② 在念斌案中，鉴定物同一性的检测由我国香港特别行政区的专家作出，其他鉴定也邀请了大量专家进行论证。

③ 参见（2016）内07刑终62号。

在一起民间借贷纠纷上诉案中，上诉人曾提出，卷宗内部分证据遗失、谈话笔录内容被篡改。但由于存在较大的审查难度，且受到民事诉讼当事人主义的调整，二审法院并未作出判断与评价。[①] 综上可见，在司法实践中，由于公安机关对过程证据的生成、保管具有绝对的管控地位，其工作立场以及可能存在的工作漏洞令“自我约束”的效力式微，过程证据相对稀缺，给司法带来了诸多困境，对过程证据的内容进行补充势在必行。

二、制度性基础

（一）司法留痕管理的电子化基础

司法留痕管理，主要是指对司法办案过程以可视化的文本、数据等形式进行存储，并以此为依据进行评价、管控的一种管理模式。近年来，得益于自动化、中立化的科技设备的发展，电子化的留痕管理成为热点。早在 2014 年，江苏省全省 126 家法院就实现了流程电子化的全程留痕。该省通过建立统一的案件管理系统，要求全省法院都需在网上进行立案、分案、庭审记录、录音录像、文书制作、审限变更、文书签批、结案、归档、上诉案件电子卷宗移送等司法流程的操作，进而掌握了每一个案件的办案过程，便于即时监控与事后追查。[②] 2016 年，最高人民法院在工作报告中发声，要通过信息化实现审判、执行全程留痕。[③] 同年，上海市高级人民法院也在其工作报告中提出，已通过“上海市高级人民法院综合信息系统”将审判各环节的数据及时汇聚，基本实现了执法办案全程留痕与全程监督。[④]

---

① 参见（2016）苏 08 民终 1289 号民事判决书。

② 参见《流程电子化全程留痕　信息透明化同步公开》，载《人民法院报》2014 年 8 月 15 日，第 1 版。

③ 参见《最高法：通过信息化实现审判执行全程留痕》，载中华人民共和国国家互联网信息办公室网，http：//www. cac. gov. cn/2016 – 03/16/c_ 1118343584. htm。

④ 参见《上海市高级人民法院工作报告——2016 年 1 月 26 日在上海市市十四届人民代表大会第四次会议上》，载上海市高级人民法院网 2016 年 2 月 3 日，https：//www. hshfy. sh. cn/shfy/web/xxnr. jsp？ pa = aaWQ9NDA0MTMzJnhoPTEmbG1kbT1sbTU4MwPdcssPdcssz。

检察院系统同样将电子化的留痕管理带入司法工作中，与法院全程留痕相类似，检察院系统也通过全程留痕技术将所有办案流程数据化，在统一的电子平台内进行记录。例如，最高人民检察院在 2017 年向社会通报，已通过全国检察机关统一业务应用系统，对检察官的案件办理过程进行全程节点留痕。① 作为该系统的运用者，贵州省人民检察院在 2016 年就已经实现了全省检察院在网上全程办案，并利用该系统所积累的数据，从办案强度、办案质量、办案效率、办案效果、办案规范等五个维度以及 600 多项具体指标入手，构建了一套评价体系，对程序缺失、违规办案进行预警，以修复其办案过程中所存在的瑕疵。②

由于业务的特殊性，侦查机关的电子化留痕已经被写入了相关法律法规，如讯问录像就是一项重要的电子化留痕。2012 年《刑事诉讼法》增加了对讯问录音录像的规定，对于可能判处无期徒刑、死刑的案件或者其他重大犯罪案件，其讯问过程应当进行录音或者录像。公安部 2014 年出台的《公安机关讯问犯罪嫌疑人录音录像工作规定》对《刑事诉讼法》的条文进行了细化规定，强化了讯问全程录音录像在其工作中的约束力。执法记录是侦查机关另一项重要的电子化留痕。根据《公安机关现场执法视音频记录工作规定》，“公安机关应当按照规定配备单警执法记录仪等现场执法记录设备和现场执法视音频资料自动传输、存储、管理等设备”。对特定案件的执法过程全记录已经成为公安机关内部的一项法定职责。除了这些留痕模式外，公安机关也不乏新型电子化手段，例如，北京市公安局朝阳分局通过门卡、手环等电子工具将办案过程全程留痕。③ 可见，司法留痕管理的电子化已经成为一种趋势，许多电子化的留痕管理模式亦趋于成熟。

---

① 参见《检察官办案全程留痕》，载《南方都市报》2017 年 2 月 17 日，第 4 版。

② 参见《肖振猛：互联网 + 司法变革：智慧检察建设》，载中国法学会网 2016 年 11 月 18 日，https://www.chinalaw.org.cn/portal/article/index/id/20356/cid/226.html。

③ 参见《执法，一招一式在精准》，载《人民日报》2019 年 5 月 13 日，第 10 版。

（二）讯问录像与执法记录：作为证据的电子化司法留痕

电子化、数据化的留痕管理记录了司法机关的办案流程，尤其是在刑事案件的办案过程中，信息化的设备将会产生许多电子数据与电子文件，[①] 这些数据或文件正逐渐在司法实践中被用以证明其办案过程的合法性问题。在我国，讯问录像与执法记录是近年来作为证据的频率最高的两个电子化司法留痕。除了《刑事诉讼法》第 123 条对讯问过程进行录音录像作出规定外，该法第 54 条第 2 款也对执法记录作为证据使用进行了规定，“行政机关在行政执法和查办案件过程中收集的物证、书证、视听资料、电子数据等证据材料，在刑事诉讼中可以作为证据使用”。在北大法宝裁判文书库中，[②] 共有 18234 例案例将讯问同步录音录像作为证据使用，其中刑事案例 18131 例，占所有使用讯问录音录像作为证据案件的 99.4% 左右；将执法记录作为一项证据呈递法庭的案例共 15044 例，其中刑事案例 11405 例，占所有使用执法记录作为证据案例的 75.8% 左右。（见表 3－1）总体而言，二者作为证据使用的频率较高，尤其是在刑事司法领域，讯问录音录像与执法记录已经成为重要的证据被使用。

表 3－1　讯问录音录像与执法记录作为证据使用的频次

类型	抓取的关键词	总计（例）	刑事（例）	行政（例）	民事（例）
讯问录音录像	讯问录音	2843	2829	3	6
	讯问录像	6632	6590	5	26
	讯问视频	8759	8712	3	39
小计		18234	18131	11	71

① See Leroux O., *Legal Admissibility of Electronic Evidence*, International Review of Law, Computers Technology, Vol, 18: 2, p. 193－220 (2004).

② 数据抓取日期：2019 年 10 月 12 日。

续表

类型	抓取的关键词	总计(例)	刑事(例)	行政(例)	民事(例)
执法记录	执法录音、执法记录录音	364	159	124	43
	执法视频	5291	3618	1066	431
	执法记录视频	1854	1420	183	233
	执法录像	7535	6208	695	480
小计		15044	11405	2068	1187

当讯问录像与执法记录作为一项证据被使用时，过程证据是其主要的功能面向。在表3－2中，本书随机截取了在案由、证明对象、出示方式方面具有典型代表的几个案例。如表3－2所示，在北大法宝收录的2018年案件中，仅少量的执法记录被作为结果证据进行使用。在这些被作为结果证据使用的执法记录中，大部分涉及的为妨害公务罪，用以证明被告人抗警的事实，其出示方式多为完整的视频光盘，并有少量案例在视频光盘以外再附加一个说明，便于法官在阅读证据时有针对性。唯一一例不是作为妨害案证据使用的是王某某放火案，在该案中，公安接警到达现场后，被告人的放火事实正在发生，执法记录仪对其进行了摄制，成了唯一一项对执法过程以外事项予以证明的证据。

表3－2　执法记录与讯问录像作为证据使用的实例

证据类型		案件	证明对象	出示方式
结果证据	执法记录	(2018) 苏0411刑初261号妨害公务案	被告人妨害公务的事实	视频光盘
		(2018) 浙1022刑初108号妨害公务案	被告人违法抗警的事实	附说明的视频光盘
		(2018) 鄂01刑终433号放火案	被告人放火的事实	视频光盘

续表

<table>
<tr><th colspan="2">证据类型</th><th>案件</th><th>证明对象</th><th>出示方式</th></tr>
<tr><td rowspan="6">过程证据</td><td rowspan="2">执法记录</td><td>（2018）赣 0702 刑初 149 号危险驾驶案</td><td>被告人的同一性</td><td>视频截图打印</td></tr>
<tr><td>（2018）浙 0603 刑初 354 号污染环境案</td><td>执法过程的合法性（抓获过程）</td><td>视频光盘</td></tr>
<tr><td rowspan="4">讯问录像</td><td>（2018）陕 09 刑终 62 号非法经营案</td><td>所获笔录的合法性</td><td>视频光盘</td></tr>
<tr><td>（2018）粤 0902 刑初 96 号掩饰、隐瞒犯罪所得、犯罪所得收益案</td><td>讯问过程的合法性</td><td>视频截图打印</td></tr>
<tr><td>（2018）宁 01 刑终 18 号组织、领导传销活动、非法拘禁案</td><td>未进行诱供</td><td>视频轨迹 + 民警出庭</td></tr>
<tr><td>（2017）湘 0211 刑初 400 号盗窃案</td><td>讯问过程的合法性</td><td>无声视频 + 办案说明</td></tr>
</table>

而对于讯问录像而言，有学者曾建议我国需要将讯问录像向着口供功能进行拓展，[①] 但在 2018 年的所有案例中，其尚未被作为一项结果证据使用。而大部分的执法记录与讯问录像多以过程证据的性质对被告人的同一性、执法过程的合法性以及讯问过程和笔录获取的合法性进行证明，也多以视频光盘的形式出示，但也有通过打印视频截图、利用视频轨迹和民警出庭作证、附加办案说明以弥补无声视频等方式出示的，并都得到了法庭的采纳。执法记录与讯问录像在作为一项证据使用时，虽然在制作时已经进行了电子化，但是在出示时仍然以光盘、截图打印、办案说明乃至出庭作证的形式出现。可见，其功能性和规范性上还有被进一步挖掘的空间。在此基础上引入电子证据的过程证据改革具有可行性。

① 参见董坤：《侦查讯问录音录像制度的功能定位及发展路径》，载《法学研究》2015 年第 6 期。

三、技术性基础

随着公、检、法对数字留痕技术的不断运用，这种留痕管理模式也逐渐开始引入外部力量进行优化。留痕管理不仅仅是一种司法管理的辅助手段，其向着更为公开的司法格局演进。2018 年，杭州互联网法院司法区块链系统率先面世，利用区块链技术的“去中心化”特征，[①] 存证过程的中立性和不可篡改性得以强化。区块链，是一种结合对等网络（P2P）技术和加密技术而创造出的不可更改的分布式可验证公共数据库的数字技术。[②] 互联网法院当前认可的两种区块链存证技术包括司法区块链和第三方存证。司法区块链是指运用区块链技术，将固化的电子证据进一步分布式保存在由公证处、司法鉴定中心、第三方电子认证机构（CA 机构）、法院等组成的联盟链中，包括版权链（华泰一媒、新华智云）、合同链（e 签宝、法大大）、金融链（中钞络谱）。[③] 第三方存证是指在诉讼案件无利害关系的第三方平台储存的证据数据。杭州互联网法院诉讼平台列举的第三方平台包括安存、可信时间戳、保全网、e 签宝、范太联盟、中国云签、众签电子合同、中国金融认证中心（CFCA）、e 照通、原本、飞洛印等。由于司法区块链对接了国家机关或社会组织，并且可以直接与杭州互联网法院诉讼平台对接，其可信度和安全性较高，审查过程较为简洁；而具有商业性质的第三方存证平台固定的电子数据，其审查标准更为严格。[④]

无论是自发式的存证，还是对他人进行取证后的证据保全，其区块链保存的逻辑基本一致。用户先通过安全套接层（Secure Sockets

---

① 区块数据被打上时间戳后，在任何时候都可供公众查验，无须依赖特定的中心机构。See Kiviat T. I. , *Beyond Bitcoin*: *Issues in Regulating Blockchain Transactions*, Duke L. J. , Vol. 65: 3, p. 574 (2015).

② 郑戈：《区块链与未来法治》，载《东方法学》2018 年第 3 期。

③ 参见杭州互联网法院司法区块链平台，https: //blockchain. netcourt. gov. cn/portal/main/domain/index. htm。

④ 参见史明洲：《区块链时代的民事司法》，载《东方法学》2019 年第 3 期。

Layer, SSL）加密技术，从移动端或个人计算机（Personal Computer, PC）端向业务端上传数据，再由业务端的证据采集系统（接口）对业务系统的证据进行采集和固化，并进行数字签名；待电子证书完成数字签名后，随同业务数据原文共同冻结于二级证据保全系统之中，并加盖时间戳；完成冻结后，将进行二次的数字签名，与前端数据一起存储在一级证据保全系统之中，并加盖时间戳；此时，一级证据保全系统会产生一个哈希（hash）值[①]并备案于电子数据司法鉴定中心。在进入诉讼程序后，经过对二级证据保全系统和一级证据保全系统的数字签名进行验证确认数据未遭篡改，存证机构即可向司法鉴定中心进行出证，司法鉴定中心通过之前备份的哈希（hash）值对业务数据进行验真后，即可出具司法鉴定意见书，由存证机构将原始数据、鉴定意见书、数据保全报告发送至法院系统，进而完成一整条完整而安全的证据链条。[②]

与过去内部系统的存证相比，虽然司法区块链接入了外部机构，从理论上会存在安全性上的问题，但是数据加密技术已经打消了司法实践中的后顾之忧。除了互联网法院对区块链存证技术进行使用以外，检察院系统也已经开始将区块链技术引入办案过程中。例如，在杭州市西湖区人民检察院处理的一起案件中，执法人员通过手持设备记录执法过程，由其自动生成包含时间、地点、验证码等内容的数据，上传至支付宝“法证链”上进行固证。[③] 由于区块链的加密算法和共识机制，该执法过程的证据无法被人为篡改，从而保证了取证过程的可信性。

一方面，利用区块链技术进行的留痕管理所制作的电子卷宗，相较于一般的侦查录像、笔录等传统卷宗形态，具有更为中立的立场。根据

① 哈希（hash）值，即电子数据摘要，是对文件内容数据通过逻辑运算得到的数值。摘自《杭州互联网法院电子证据平台规范（试行）》第4条。

② 参见CFCA系统架构，载中国金融认证中心网，https://www.cfca.com.cn/20180329/100002504.html。

③ 参见《边拍边“公证”杭州西湖检方首次运用区块链线下取证》，载《浙江法制报》2019年2月14日，第2版。

《刑事诉讼法》第122条和第123条的规定，讯问笔录需要犯罪嫌疑人核对，而全程录音录像不需要经过犯罪嫌疑人的核对。虽然，这两条规定的差异是出于司法现实的考量，录音录像的完整性可在事后进行追查，让犯罪嫌疑人核对完整的录音录像也基本不可行，但这并不意味着录音录像的证据可信度较高。事实上，由于同步录音录像的摄制、保存大多在办案机关内部，将其制作为证据材料也由办案人员负责，其与讯问笔录一样缺乏一定的中立性。反之，经过犯罪嫌疑人核对的讯问笔录也并非当然具有更高的证明力，犯罪嫌疑人的确认行为实质上只是将庭审质证环节提前至讯问阶段，被告人“翻供”或质疑可能存在刑讯逼供的情况，与录音录像被质疑的情况一致，还需要对程序性事实重新展开法庭调查。所以，即便犯罪嫌疑人确认、录音录像的信息技术都试图解决传统卷宗在证据生成过程中的中立性问题，但都无法从根源上提高这些证据的中立性。而区块链技术的“去中心化”特征却可有效补强这一缺陷，由于区块链存证并未固定地发生在某个特定的存储中心，难以篡改，留痕的技术也便于事后查证，在中立性上显著强于司法机关内部自我保存的效果。

另一方面，利用区块链技术进行的电子卷宗留痕管理，还可以有效补强当前过程证据薄弱的审查环节。出于迅速审判、司法效率等层面的考量，我国司法实践对于过程证据的审查一直是一种间接的、书面的形式审查模式。[①] 在司法活动的人力、物力有限的情况下，更多的司法资源让位于对定罪证据的审查之中，相较而言，对过程证据的实质性审查会更少。但是，这种形式审查模式缺少在庭审过程中的对辩，为非法取证留下了空间，就程序正义的角度而言并非最佳的审查模式。在过程证明的实质审查基本无可能的现状下，只能通过提高非法取证的难度来保障形式审查的效果，而从现阶段的技术发展来看，区块链进行的留痕管

① 参见陈瑞华：《论刑事诉讼中的过程证据》，载《法商研究》2015年第1期。

理模式具有很强的现实性。

值得一提的是，目前，区块链存证的不可篡改性与中立性已经在刑事司法领域进行了尝试。2019 年 10 月，浙江省绍兴市中级人民法院向社会通报，该市上虞区人民法院已成功判决全国首例区块链存证的刑事案件。[①] 该案为一起诈骗案件，被告人在江苏、浙江、江西等地流窜作案，由于诈骗案件所涉及的证人证言、转账记录等证据材料较多，且又分布在不同省份，侦查机关固定证据存在一定的难度。该基层侦查部门与第三方区块链团队合作，以区块链技术对数据进行加密与存证，最终成功流转于侦查、公诉和审判全过程。

第四节　作为过程证据的电子卷宗之阻力

一、存证的司法成本

目前，互联网法院认可的区块链存证模式主要为两种：一种是可信时间戳（Time Stamp），另一种是直接将数据上传至第三方云储存平台。[②] 可信时间戳主要是指证书持有人将待盖戳的文档发送至时间戳机房，由其加盖时间戳，进而出示证书以证明该电子文档（数据电文）的发生时间。[③] 在《杭州互联网法院电子证据平台规范（试行）》中，时间戳规范表述为“表示一份数据在某个特定时间之前已经存在的、完整的、可验证的数据，通常是一个字符序列，唯一地标识某一刻的时

---

① 参见《热点解读丨为电子数据套上“保险锁”——绍兴判决全国首例区块链存证刑事案件》，载微信公众号“绍兴市中级人民法院”2019 年 10 月 21 日，https：//mp. weixin. qq. com/s/8JBF0XlHR_ 0sVhOHQ6OUog。

② 第三方存证技术也运用到了时间戳技术，二者在技术上存在包含关系，但该部分论述仅从服务类型上对二者作出了分类。

③ See Stuart Haber & W. Scott Stornetta, *How To Time - Stamp a Digital Document*, Journal of Cryptology No. 3, p. 99 - 111 (1991).

间”。时间戳机构（TSA）的机房与国家授时中心（NTSC）时刻保持授时与守时监控，以保证其时间戳的真实性。作为一种由时间戳服务中心签发的电子证书，它与第三方平台存证的主要区别在于，可信时间戳的数据仍然保存在用户的设备中，因而只需要按次支付使用可信时间戳的费用，在存储上不再需要额外向第三方支付费用。以联合信任时间戳服务中心的可信时间戳服务为例，无论其视频、文字材料的长度、内存多少，只要是一个完整数据，都仅需一次性支付较少费用。[①] 但是，该技术无法保障证据的存储，更多地将运用于用户自发的固证需求，就电子卷宗被动式的存证需求而言，该技术无法控制卷宗遗失的风险，难以被采纳。

相较于可信时间戳技术对于授时和守时的严密监控，第三方存证平台显然在安全防御体系、数据加密、存储技术上需要更多的投入，进而其使用成本亦更为庞大。所以，在第三方平台存证，无论是分布式分段加密存储，还是区块链加密储存，用户都需要因数据储存而支付较高费用。产生证据、构建完整证据链条后，数据将被上传存证在第三方平台，而第三方平台需要通过数据加密技术对分布式分段加密存储进行保障，在经过哈希（hash）值计算、CA 机构打时间戳后，通过区块链加密方式进行存储。第三方存证平台除需要构建复杂的安全防御体系外，还需要对接第三方司法服务系统，以保证其数据在司法中可被直接运用。以保全网为例，其保全存证技术主要是通过区块链技术，将图片、文稿、音视频、代码包等文件加密存储，实时固化电子数据的内容、权属信息及存证时间，生成唯一的数据指纹，以赋予这些电子数据法律证明效力。[②] 前文所述的杭州市西湖区人民检察院所采用的执法记录存证，就是采用了这种技术。

---

① 例如，2019 年，该服务中心的定价为 10 元/次，参见联合信任时间戳服务中心，https：//www. tsa. cn。

② 参见保全网，https：//www. baoquan. com/。

就司法成本而言，该技术明显较单一的时间戳服务费更高。由于该技术多涉及单位用户，公开渠道仅能获取其向个人用户的收费标准。以保全网为例，推广期内免收存证与证据保全基本费，仅收取取证与出证费用。其中，网页取证费用为5元/网址；过程取证费用在10分钟内为50元，超过10分钟的为5元/分钟；出证费用较高，为800元/条。然而，调研中也有技术人员表示，该收费标准仅为暂时性质，且远不足以保证存储成本、设备损耗和商业平台的收益。所以，不难想象，这一技术所产生的司法成本将是电子卷宗拓展为一种过程证据的阻力之一。

二、存证的真实性问题

对于区块链技术在司法中的运用，制度的回应总体有些滞后。在我国的法律体系中，对于电子证据原件的规制，除了三大诉讼法外，《电子签名法》等法律也有不同的表述，处于一个立法混乱的局面。[①] 对于区块链所保存的证据数据，究竟是证据原件，还是复制件，学界亦尚存争议。按照传统的电子证据认定标准，电子证据原件等同于电子证据的原始载体，首次存储的磁带、软盘或光盘即为该电子证据的原件。利用区块链进行的第三方存证首先会在产生该数据的终端设备上进行缓存或存储，故区块链并非该数据的首个载体，区块链所保存的证据数据只能被认定为复制件。在最佳证据规则之下，复制件普遍被认为存在作伪的危险，很大程度上会被排除，只有查证属实，才可以和原件具有同样的证据能力与证明力。因而，对于区块链所保存的证据数据，如果视其为复制件，则还需要增加一个查证环节，其方可被采纳。但是，目前互联网法院在司法实践中并未设立这一查证环节。《最高人民法院关于互联网法院审理案件若干问题的规定》第11条第2款规定，“当事人提交的电子数据，通过电子签名、可信时间戳、哈希值校验、区块链等证据收

---

① 参见刘品新：《论电子证据的原件理论》，载《法律科学（西北政法大学学报）》2009年第5期。

集、固定和防篡改的技术手段或者通过电子取证存证平台认证，能够证明其真实性的，互联网法院应当确认”。根据该条文，对于区块链存证的电子数据，互联网法院并不需要当事人出具原件或与原件进行核对，从司法实践的角度默许了区块链存证的原始效力。虽然，这一司法解释的认定方式与区块链“去中心化”的存储模式接近，但还未被更高位阶的法律采纳，只对互联网法院的审理具有效力，区块链技术所保存的电子数据总体还处于一个“身份不明”的混沌状态。自2019年以来，各个地方法院对区块链存证作出了许多不同的认定方式，如表3－3所示。

表3－3 区块链存证真实性的认定实例

案件	认定方式
（2019）浙0604刑初486号诈骗案	光盘内储存数据的哈希（hash）值与区块链上存放的哈希（hash）值进行比对
（2019）京0108民初35902号不正当竞争纠纷案	通过取证数据保全证书，对两个App进行区块链取证，并经由被申请人认可
（2018）京0491民初239号侵害署名权、保护作品完整权、信息网络传播权纠纷案	审查电子数据生成、收集、存储、传输过程，并验证电子指纹
（2019）云01民终4038号侵害名誉权纠纷案	通过电子取证存证平台的数据存证证明直接进行认定
（2019）苏0505民初545号侵害作品信息网络传播权纠纷案	信息存储公司的情况说明与网页存证的演示

值得一提的是，2019年年初，同样是通过“易保全”第三方存证平台进行的区块链存证，某网络科技公司提起的两例诉讼案件在北京互联网法院与江苏省南京市中级人民法院得到了不同的认定。在该公司提交北京互联网法院审理的著作权纠纷案中，北京互联网法院依据“易保全”平台出具的《电子数据取证证书》，登录重庆市某公证处官方网站

对保全文件备案号、保全主体、保全来源、保全时间及全局监督摘要进行比对，认可了其同一性，进而认定了这一区块链存证数据的真实性。[①] 但是，在该公司提交南京市中级人民法院审理的信息网络传播权纠纷案中，原告提交了同样经过重庆市某公证处公证的取证证书，但南京市中级人民法院却并未对其真实性进行认可。根据该案判决书中所载，南京市中级人民法院认为，原告除提交这些证明材料之外，还需要提交存证机构的资质证明、公证机构或司法机构的具体公证或鉴定证明，以及取证前计算机操作环境和相关网络环境的清洁性检查、取证操作流程和步骤的记载与说明，否则无法对其真实性作出认定。[②] 可见，由于区块链存证尚且处于一个新兴的状态，目前在司法领域，尤其是普通法院，对其认定还持较为审慎的态度。对于电子证据对区块链存证技术的适用，从区块链司法制度的角度来看还尚待时机。

三、补正规则的影响

将电子卷宗拓展为过程证据，与当前的证据规则并不完全兼容。在我国的法律体系中，从未有过对“过程证据”的单独分类，甚至在学术讨论中它也只是极为小众的一个分支。在证据规则中，并未建立起一个复杂而完整的程序性要件的证明体系。与证明案件事实的证据相比，对于程序过程的证明，我国采用了更为宽松的立法思路，即便在严格司法的价值观念被不断推行之今日，证据规则的实体真实主义色彩依然存在。虽然《刑事诉讼法》第 59 条对证据收集的合法性证明作出了规定，但对于合法性证明存在瑕疵的证据，其第 2 款又规定了一个补正规则以达到修正的效果。根据该条文，当现有证据材料不能证明证据收集的合法性时，侦查人员或其他人员可通过事后出庭说明情况，使具有瑕疵的过程证据重新得到补正，以具备证据能力。这种事后补正的程序规

① 参见（2019）京 0491 民初 805 号。
② 参见（2018）苏 01 民终 8849 号。

程可在一定程度上弥补当事人因侦查人员工作疏忽而丧失的公正审判权。但是，这一程序规则也为违法取证提供了庇佑，对侦查人员的威慑力有限，[①] 司法实践亦无意取缔取证程序中的技术性违法行为。[②]

作为一项过程证据，电子卷宗的主要功能之一是简化对取证过程的合法性证明，但可通过事后补正的证据规则会令这一功能显得无足轻重。由于事后补正的存在，电子卷宗便不再是程序性事实的唯一证明途径，就违规取证而言，只要在取证时对采集设备使用黑屏、噪声等手段进行处理，一旦得到了事后的补正，其效力就并不必然受到影响。根据《公安机关现场执法视音频记录工作规定》第 8 条的规定，“现场执法视音频记录过程中，因设备故障、损坏，天气情况恶劣或者电量、存储空间不足等客观原因而中止记录的，重新开始记录时应当对中断原因进行语音说明。确实无法继续记录的，应当立即向所属部门负责人报告，并在事后书面说明情况”。侦查机关在执法记录的过程中，有着诸多的正当理由来中断其录制，且只需要事后说明即可修正其证据效力，更遑论会被认定为工作疏忽。

同样地，《公安机关讯问犯罪嫌疑人录音录像工作规定》也对法定的讯问录音录像作了详细规定。根据该规定第 14 条，“讯问过程中，因存储介质空间不足、技术故障等客观原因导致不能录音录像的，应当中止讯问”，但是，“因案情紧急、排除中止情形所需时间过长等原因不宜中止讯问的，可以继续讯问。有关情况应当在讯问笔录中载明，并由犯罪嫌疑人签字确认”。讯问同步录音录像规则的建立初衷，就是在讯问人和被讯问人之外增加一个更为中立的视角进行监督，以规范讯问行为。这种由被讯问人“签字确认”的行为无疑为排除第三方中立视角留足了余地，无法全面地对讯问人产生约束力，同步录音录像的设立意图亦被全盘推翻。与其说公安机关出台这一规定是为了响应《刑事诉讼

① 参见陈瑞华：《论瑕疵证据补正规则》，载《法学家》2012 年第 2 期。
② 参见牟绿叶：《论可补正的排除规则》，载《中国刑事法杂志》2011 年第 9 期。

法》的立法精神，不如说是在为自身的瑕疵取证寻求合法化的庇护。受此影响，在实践中还出现了公安机关选择性录制与播放的情况，[①] 全程录音录像制度并未如预期那般被顺利推行。所以，即便在留痕管理电子化逐渐具备证据能力之今日，无论是执法记录的“事后说明”，还是讯问同步录音录像的“嫌疑人签字确认”，都无法保证这些过程证据的实际效能。因而，在我国实体真实主义影响下的证据规则中，电子卷宗至多只能解决卷宗遗失、篡改的问题，对于取证过程本身的瑕疵问题，由于证据制度本身余有漏洞，电子卷宗在现有的科技手段下依然会受制于此，难以突破。

四、“痕迹主义”与消极侦查

有学者对电子证据的司法适用进行实证研究时发现，虽然司法机关在新科技刚出现时会表现出极大的接纳意愿，但随着技术的发展愈发持观望态度。[②] 虽然，当下司法实务界欢迎区块链技术进入司法实践之中，但是一旦将其作为一种监督司法机关自身工作的技术，是否会出现倦怠或抵触则不得而知。所以，在讨论运用区块链等电子技术进行留痕管理之余，我们也必须承认，留痕管理并非程序公正的绝对保障。政治学家认为，留痕管理会逐渐异化为一种“痕迹主义”。[③] 所谓“痕迹主义”，主要是指由文字、图片或视频材料代替实际行为模式，[④] 是作为管理方法的痕迹的手段与目的之间的一种错位。[⑤] 由于留痕管理模式下

---

① 参见王超：《全程录音录像制度的功能异化——以侦查讯问录音录像的选择性录制与播放为视角》，载《华中科技大学学报（社会科学版）》2014 年第 1 期。

② 参见张玉洁：《区块链技术的司法适用、体系难度与证据法革新》，载《东方法学》2019 年第 3 期。

③ 参见韩喜平、刘雷：《“痕迹主义”历史衍生逻辑与系统化治理》，载《新疆师范大学学报（哲学社会科学版）》2019 年第 5 期。

④ 参见盛明科、陈廷栋：《“痕迹主义”的产生机理与防治对策——以行政责任为视角》，载《行政论坛》2019 年第 4 期。

⑤ 参见张明：《“痕迹主义”的表现、实质、危害与批判路径》，载《新疆师范大学学报（哲学社会科学版）》2019 年第 4 期。

的考核或追责制度单一地依赖文字、图片等留痕材料，许多政客出于对政绩的维护，往往会以留痕作为影响决策的重要因素，进而罔顾其行为的实际效能，造成虚痕与庸政。[①]

该理论置于司法领域下亦同样存在可能。在对公、检、法的司法行为进行彻底的留痕管理后，尤其是侦查部门，出于对程序规则的遵守，其办案过程的积极性有可能受到影响。但是，人们从未在这种实体正义与程序正义之间的博弈中求得上下，以程序瑕疵所换求的“办案积极性”也不为现代文明所倡导。当然，借助区块链技术将电子卷宗拓展为一种过程证据后，虽然留痕管理异化为“痕迹主义”的影响甚微，但也极有可能成为其在司法实践中受滞的阻力之一。

第五节　作为过程证据的电子卷宗之制度

当电子卷宗被视为一种过程证据后，它的制作、保管和移送与传统的卷宗制度有所差别。首先，通过对纸质卷宗的直接扫描，即便电子卷宗的扫描设备分辨率极好,[②] 但电子卷宗仍然是对原始卷宗材料的复制，作为证据使用时，由于其传来证据的性质，还需要对原件作出查证，就司法效率的角度而言不具备任何电子化的优势。其次，虽然过程证据产生于案件发生之后，但是作为一项证据，它需要与侦查等司法行为同步发生，目前事后制作的方式无法令其作为证据使用。再次，现有电子卷宗的保管以相应的制作部门自我保管为主，属于自我约束的监管状态，作为一项内部档案其保管方式并无不妥，但作为证据使用时则需

---

① 参见刘建军、孙森：《关于“痕迹主义”的理论分析》，载《新疆师范大学学报（哲学社会科学版）》2019 年第 4 期。

② 例如，《人民检察院电子卷宗制作规程》要求高速扫描仪的扫描分辨率在 300 DPI 以上。

要构建一个完整的证据保管链条，方可具有证据能力。最后，有关移送的问题，如本章最初所述，电子卷宗的完全移送成本较高，在全国范围内都具有较大的难度，且由于移送规则的缺位，主要依靠公、检、法之间的内部协定进行，不具备约束力，作为证据使用时其规范性尚待强化。故而，本书试图从电子卷宗的制作、保管两个方面为电子证据拓展为过程证据作出预设，阐释其制度的构成要素。

一、制作电子卷宗的制度

（一）局限：电子卷宗的非同步生成

无论从何种视角对电子卷宗的生成进行透视，由司法的起始环节，即由侦查人员来负责制作电子卷宗，都是保证电子卷宗在证据保管链条中完整性的最佳方案。然而，目前于公安机关而言，电子卷宗并无完整保管链条的需求，多为内部办案或档案工作的辅助手段，很难做到完全的同步生成，一般均在案件纸质卷宗完整后，统一由侦办人员录入（扫描）进入信息系统，并刻制成光盘由法制科审核后自动推送至检察院。在调研中，也有侦查人员表示，由于部分案件的扫描录入工作量较大，往往只能事后集中进行扫描工作，以提高工作效率。司法与行政的双重职能令公安机关难以完全同步生成卷宗，侦查机关内部的电子卷宗，不仅涉及刑事案件，一般的行政处罚案件（如警告、数额较小的罚款、5日以下拘留等）也需要与刑事案件一样制作和生成电子卷宗，其流程与要求一致，虽然《公安机关办理行政案件程序规定》等规定对于简易快办进行了规制，但对于电子卷宗的制作而言，并未发生实际的简化。因而，就侦查机关的角度而言，如果需要将电子卷宗提升为一种过程证据，那么需要在差异化、简易化等方面进行改良，否则只是以增加侦查部门的工作负担来换取其他司法部门办案效率的提升，公安机关并不具备改革的动力。

（二）生成：以同步录像、执法记录与电子数据规则为基础

从侦查机关的信息化建设来看，许多证据材料已经进行了电子化建设，主要包括讯问同步录音录像、执法记录以及电子数据，并且已经构建了相关的规程。这些规程为电子卷宗的制作提供了诸多可供参考的制度借鉴。其一，对于已经电子化的证据与材料，应当赋予其统一的采集与存储平台，将同步录像、执法记录以及收集到的电子数据共同置于一个大的信息平台，防止这些电子化的材料输出为纸质材料并再次转化为电子材料的烦琐重复。其二，就司法资源的合理配置而言，简单的行政处罚案件其电子卷宗仅承担档案功能，在具备司法证明属性的刑事案件面前，可以适当进行让位，对其电子化的投入可以有所限定。其三，由于目前电子卷宗的制作由办案人员自主承担，因而，对于电子卷宗中数据的录入，需要构建相应的监督机制，基于前文所述人为监督的局限性，可以适当引入由数据留痕等技术所参与的技术监督机制。

二、保管电子卷宗的制度

（一）瑕疵：传统保存方式的漏洞与对事后说明的依赖

由于电子数据可以直接转化为电子卷宗的内容，且目前公安机关制作电子卷宗均以光盘等传统的数据保存方式进行，因而司法实践中对电子数据的保管方式与对电子卷宗的保管方式总体趋同，其相关制度亦具有参考性。然而，在当前的司法实践中，对于电子数据载体的保管制度并不成熟，出现了较多的物理毁损、事后补证的情况。

“快播”案是对电子数据保管问题暴露最为明显的一个案例。在该案中，对于4台服务器的争议是指控犯罪证明体系中最为重要的一个环节，然而其保管链条却充满了漏洞。一方面，控辩双方对于服务器的移交手续存在争论，海淀区公安机关在调取服务器的过程中，篡改了机打的取证通知书，并且也没有对能记载服务器特征的型号、容量等的信息

进行登记，辩护方由此对该服务器的同一性与真实性展开抗辩。另一方面，保存过程中受到环境的影响，移交的 4 台服务器中有 1 台发生了毁损，无法开启，损失了大量的证据，给最终的定罪量刑带来了困难。因而，在本案中，保管链条的瑕疵以及证据毁损成为辩护方攻讦控方证据真实性的两大核心。为此，检察机关通过司法鉴定书、现场勘验笔录、证人证言、情况说明、行政执法清单、检查记录、证据清单等一系列证据予以证明。虽然，主审法官在这些证据中发生了动摇，对服务器来源产生了疑惑，① 但最终还是以利于控方的方向对其真实性作出了认定。对此，学界和实务界亦多有学者发声，对这种事后补正的行为进行批判。例如，刘品新教授就指出，“受制于本案电子取证上的严重错误，司法人员已经不能审查电子证据的来源、形成情况和取证情况”②。

由于“快播”案暴露出了许多司法机关在对电子数据保管过程中的漏洞，2016 年 9 月，最高人民法院、最高人民检察院、公安部三部门联合印发《关于办理刑事案件收集提取和审查判断电子数据若干问题的规定》（以下简称《三部门电子数据规定》），对电子数据的收集、移送、审查等问题进行了规制。2019 年，公安部发布《公安机关办理刑事案件电子数据取证规则》（以下简称《公安部电子数据规则》），对取证及其保存作出了更详细的规定。然而，“快播”案后出台的两项电子数据规则，虽然在规范证据保管链的完整性等方面得以强化，但是在保管链上依然留有余地，还是倾向运用情况说明等事后补正的方式，而没有对数据本身的“自证”优势加以利用。其中，《三部门电子数据规

---

① “在该 4 台服务器的扣押、移交、鉴定过程中，执法机关只登记了服务器接入互联网的 IP 地址，没有记载服务器的其他特征，而公安机关的淫秽物品审验鉴定人员错误地记载了硬盘的数量和容量，由于接入互联网的 IP 地址不能充分证明服务器与快播公司的关联关系，前后鉴定意见所记载的服务器的硬盘数量和容量存在矛盾，可以让人对现有存储淫秽视频的服务器是否为原始扣押的服务器、是否由快播公司实际控制使用产生合理怀疑。”转引自快播案一审判决书，（2015）海刑初字第 512 号。

② 参见刘品新：《电子证据的鉴真问题：基于快播案的反思》，载《中外法学》2017 年第 1 期。

定》中需要进行情况说明的达8处,[①] 可以通过笔录的形式弥补取证瑕疵的有4处。[②] 而在《公安部电子数据规则》中，虽然需要情况说明的情形有2处,[③] 但依然需要大量的笔录来对证据的保管链进行监管。[④] 虽然，必要的情况说明和笔录对于办案过程具有补充作用，但是极大地依赖情况说明和笔录，不仅会增加办案人员的负担，也没有挖掘出技术的真实功效。

（二）原则：纸质卷宗与电子卷宗冲突时疑点利益归于被告

除了纸质卷宗的遗失和篡改，有关卷宗保管链的问题，目前有基层单位已经出台政策，要求公安机关在办案时全程电子化，不再移送纸质卷宗，电子卷宗将全面地代替纸质卷宗。[⑤] 与过去电子卷宗的辅助定位不同，这一地方性试点意图通过规范指引来实现电子卷宗在实践中的充分运用。而推动这一地方性试点的重要因素在于，实践中很难对纸质卷宗和电子卷宗的法律地位高低作出判断。当纸质卷宗与电子卷宗同时移送时，除了司法效率的拖沓之外，更会产生对二者发生冲突时的无所适从——纸质材料电子化后，电子卷宗的直接性弱于纸质卷宗；电子数据进行打印后，纸质卷宗的直接性弱于电子卷宗——司法实践无法对此作出普适性的区分，故而有地方政法委牵头，强制性地推广电子卷宗。但是，也必须承认，在现有的电子卷宗生成、移送规则并未成熟的情况下，强势地推广电子卷宗只会加重其在使用过程中的工作负担。原本卷

① 这些需要进行情况说明的条文分别为：第10条，第18条第2款、第3款，第19条第1款、第2款，第21条，第22条第1项、第4项。

② 可以通过笔录的形式弥补取证瑕疵的条文分别为：第9条、第10条、第14条、第15条。

③ 需要情况说明的条文分别为：第41条、第42条第2款。

④ “笔录”在该规则中共出现27次。

⑤ 例如，S市委政法委内部发文通告，要求自2020年起，该市Y区和S市作为试点，全面推行政法一体化单轨制，全部刑事案件办理需通过政法单位一体化办案系统单轨运行，不再移送纸质卷宗。

宗材料只存在于公、检、法三部门之间，在政法委强制性要求移送电子卷宗后，又会有政法委的介入，这种介入是否会对最终独立行使审判权发生影响亦未可知。

因而，受制于技术、部门利益等方面的现实因素，“一刀切”式地推广电子卷宗并非杜绝纸质卷宗与电子卷宗发生冲突的最佳方案。笔者认为，在刑事诉讼“疑罪从无”的理念之下，可以规定，在纸质卷宗和电子卷宗存在内容差异，又无法作出解释的情况下，应当将疑点利益归于被告，采信有利于被告人的卷宗内容。这是因为，电子卷宗与纸质卷宗发生冲突时，司法机关作为主要的责任方，不能将责任转嫁于被告人。虽然，这一原则会在一定程度上将过错归于被害人等诉讼方，但是相较于被告人而言，这种转嫁的社会风险更低，也更符合“疑罪从无”的刑事司法理念。

（三）生成：区块链技术下的保管制度

如前文所述，由于区块链存证技术具有中立性、去中心化以及不易篡改性，由其将电子卷宗的过程证据进行保存后，现有的许多数据规则可以得以简化。但是，无论是人民检察院规定严禁将电子卷宗接入互联网，还是公安机关、人民法院对于外网接入的审慎态度，直接将第三方区块链商业存证平台接入公、检、法系统在制度层面都具有较大的难度。因而，从目前各地的实践操作来看，通过政府采购的形式购入一套单独的区块链存证系统的安全性更高。但作为对过程证据的同步保管而言，这种存证系统需要在三机关之间进行充分协调。其一，基于三机关相互制约的原则性设计，该系统的主导者很难为公、检、法中的某一个部门。其二，如本章第四节所述，区块链存证技术需要实时与国家时间戳服务中心进行守时和授时监控，即便是单独的存证系统，其云储存和时间戳功能都需要基于与万维网的链接，区块链技术安全性的自我技术背书需要得到公、检、法的制度肯定。其三，对于事后说明的依赖也需要破除，由于事后说明是对瑕疵的补正，因而在承认保管过程完整性的前提下，其瑕疵发生可能性降低，对其补正的适用频率也应当随着瑕疵发生可能性的降低而大幅降低，对于使用区块链技术的证据，其每一个过程都以具体数据生成或数据覆盖的形式存在，也就不再允许事后说明的存在。而在具体的保管制度之下，有学者曾对此归纳为客观性、及时性、合法性三个层面，[①] 显然区块链技术的技术背书可以确保客观性和及时性，并且也可通过留痕技术的查证确保其合法性。因而，在确保证据保管链条完整性的前提下，区块链技术的保管制度所要解决的，还是对于技术自身安全性的承认，以及相应系统构建的主导权问题。

第六节　余论：电子卷宗的原生局限及破局

从开始的广受期待，到改革后期的相对乏力，电子卷宗作为连接法庭审判与法官决策的一项改革，其相对走低的发展路径无疑会令我们对其未来的发展充满担忧。虽然，电子卷宗在法官审判过程中，尤其是阅卷的过程中提供了诸多便捷，在庭审中也适当地发挥着效能，但这种便捷与效能却是以加重其他司法参与人员的工作负担交换而来，从司法资源的整体配置来看并未得到大幅度的提升。所以，本章以过程证据的缺口作为电子卷宗改革的方向进行转型，试图使这一在司法体制改革中日渐式微的事物重新发挥功用。然而，不得不承认，在我国当前的司法环境之中，这种功能拓展多少有些“一厢情愿”的意味，即便是加入了区块链技术这一热门的科技因素，在公安机关、检察院、法院的博弈之中，会令改革的每一步都陷入僵局——一如对电子卷宗的定义，就在“三机关”之间有所差异。由改革倒推制度的共识，只要涉及部门

① 参见张建伟：《证据法要义》，北京大学出版社 2014 年版，第 158 – 159 页。

利益，在任何一个国家都会存在困局，这是社会组织体的惯性，也是人类社会发展的共性。[①] 当然，在审判的信息化改革这一宏大的命题之下，对现实困境的过分注目无疑会令改革步履畏缩，因而本章也试图对电子卷宗的未来拓展作出一些展望，以为其改革的有效性提出建议。

但是，这种展望和突破亦存在内生局限。其一，将电子卷宗演化为一种区块链存证的过程证据，只能解决卷宗本身的保管问题，对于证据制度而言，它至多只能涉及可电子化的书证的保存，物证的物理属性决定了它无法进入电子卷宗的改革体系。对于实物证据的保管问题（特别是同一性问题），电子卷宗无法作出辅助。其二，虽然主流观点认为，以审判为中心对不同案件的侧重程度有所差异，对于一些简单案件，并不需要完全地遵照传统审判流程进行处理。但是，以审判为中心需要对抗以侦查为中心的诉讼模式，[②] 而卷宗移送制度作为以侦查为中心的诉讼模式的产物，自然也就无法回避传统诉讼形态对于卷宗制度本身的商榷与讨伐。

然而，作为一项技术性支撑，电子卷宗在科技层面的改革，必然受制于卷宗移送制度本身的构架，也无法从科技的角度对本身就存在困境的移送制度作出价值判断。但是，无论是电子卷宗在物证保管问题上存在的弱点，还是对移送制度本身取舍的无力，都不能磨灭其在卷宗移送、保管等问题上的进步，以及通过技术留痕倒逼司法过程更为规范化的技术推力作用。

---

① 参见季卫东主编：《中国的司法改革——制度变迁的路径依赖与顶层设计》，法律出版社 2016 年版，第 131－135 页。

② 参加张建伟：《审判中心主义的实质内涵与实现途径》，载《中外法学》2015 年第 4 期。

第四章 刑事审判信息化与智能裁判

“弯道超车”抑或“新瓶旧酒”？在人工智能一再被追捧的今日，有关它对于这个古老国度的意义被反复论及。有赋予其极大期待的，认为这是“第四次工业革命”，中国有望借此对许多国家进行超越；[①] 也有对其保持冷静态度的，认为当前科技发展并不足以支持真正的人工智能产业，现阶段讨论的“人工智能”带有泡沫成分。[②] 而司法领域显然更倾向于接纳人工智能在当下社会中的积极意义。2016 年，“智慧法院”的构建已经被纳入《国家信息化发展战略纲要》和《“十三五”国家信息化规划》，“全方位智能服务”已成为智慧法院建设中的重要标志，中国法院信息化的很多方面也因此在世界上“处于领先位置”。[③] 从司法发展的过程来看，无论是将审判辅助业务和审判核心业务相剥离，还是将事实认定、法律适用等具体环节相对独立地审视，都是现代司法精细化运作的历史趋势，而利用“以科技为中心”的法院大转型，也被视为这一阶段司法实践的使命与机遇，得到了广泛的支持与讨论。[④] 但是，看似“成效显著”的智慧法院建设，究竟是否真的实现了

---

① See Edward Tse, *Trade War or not*, *From AI to Blockchain and New Energy Vehicles*, *China is on the Front Row for the Fourth Industrial Revolution*, South China Morning Post, 2018.

② 参见《周鸿祎：如今的人工智能只是新瓶装旧酒，它至少还需要 5 到 10 年的酝酿期》，载 36 氪网 2016 年 11 月 23 日，https://36kr.com/p/5057231。

③ 转引自最高人民法院信息中心主任许建峰答记者问，参见《最高法工作报告解读系列访谈：加快建设智慧法院》，载最高人民法院网 2018 年 3 月 13 日，https://www.court.gov.cn/zixun/xiangqing/85022.html。

④ 参见程金华：《人工、智能与法院大转型》，载《上海交通大学学报（哲学社会科学版）》2019 年第 6 期。

“弯道超车”，解决了诸多司法困境，还是“新瓶旧酒”，对于许多司法困境依然束手无策，抑或产生了新的司法问题？将人工智能引入司法领域后，技术将要扮演何种角色？它对传统司法体系是否存在冲击？司法制度如何对此作出调适？这些问题既关乎智慧法院建设的定位、方向与最终的成败，也是人工智能时代社会大众最关切的内容。本章拟从学理的角度对这些问题进行探讨。

第一节　智能裁判的定义

信息利用是指“为了某种需要或特定目的，将获取、处理的信息应用于实践，以实现预定目标”①。在审判信息化的应用中，信息利用的过程主要是指以提高审判效率、统一司法标尺作为需求和目标，对案件相关信息进行获取和处理的过程，具体包括智能语音识别、智能裁判等诸多技术。② 其中，智能裁判系统对审判核心内容进行冲击，是司法领域运用技术手段进行信息利用中的典型。从概念上来看，智能裁判是指利用大数据资源、法学理论研究成果和 AI 模型算法，通过横向对案件标准化要件提取与标注、纵向对裁判思维梳理与整合构建的一种办案系统，③ 是通过计算机科学的代码计算而实现的一种司法形态。④ 智能裁判系统的实质是对信息的利用，与传统的裁判行为的区别在于，其逻辑生成以机器为基础，而有别于以人脑为裁判手段的信息利用过程。

---

① 参见梅龙宝：《大学信息技术》，电子科技大学出版社 2007 年版。

② 参见冯姣、胡铭：《智慧司法：实现司法公正的新路径及其局限》，载《浙江社会科学》2018 年第 6 期。

③ 参见蔡一博：《智能辅助：AI 下民商事办案系统的建构——以裁判思维与要件标注为切入点》，载《东方法学》2018 年第 3 期。

④ 参见李飞：《人工智能与司法的裁判及解释》，载《法律科学（西北政法大学学报）》2018 年第 5 期。

第二节 智能裁判的研究范式

一、法学家眼中的技术困境

人工智能以包罗万象的特征冲击了人们的视野，而法学学者则从消极层面为其罗列“负面清单”[①] 以建构它在审判活动中的应然功能与定位，试图打破大众对于人工智能“无所不能”的乐观想象。[②] 对于人工智能应用于司法裁判的具体路径，学者们指出，当下在人工智能与司法“联姻”的进路上面临着多重困境。困境之一是数据来源的问题。从数据来源来看，现今虽然具有数量庞大的案件来源，但这些案件来源可能遭受过“污染”,[③] 并不能真实地反映司法现状，由这些并不真实的数据所导出的司法结论也当然具有瑕疵。困境之二是数据格式的问题。目前，计算机还不具有直接读取和处理法律语言的能力。[④] 与人类认知活动中从“生理过程”到“思维策略”的“初级信息处理”环节相对应的，是计算机从硬件到程序的计算机语言环节（见图4－1），但它利用自然语言处理能力来认知个案时具有先天的局限性。[⑤] 我国司法判例的

---

① 有关负面清单较为典型的研究可参见黄京平：《刑事司法人工智能的负面清单》，载《探索与争鸣》2017年第10期；潘庸鲁：《人工智能介入司法领域路径分析》，载《东方法学》2018年第3期；等等。

② 例如，腾讯研究院在对2968名各界人士的调查中发现，对于合同、诉讼等法律实践领域的活动，39%的受访者可接受“人类为主、人工智能为辅”，34%的受访者接受“人工智能为主、人类监督”，14%的受访者接受“人工智能取代人”。参见腾讯研究院等：《人工智能：国家人工智能战略行动抓手》，中国人民大学出版社2017年版，第12－13页。

③ 参见左卫民：《关于法律人工智能在中国运用前景的若干思考》，载《清华法学》2018年第2期。

④ 参见葛翔：《司法实践中人工智能运用的现实和前瞻——以上海法院行政案件智能辅助办案系统为参照》，载《华东政法大学学报》2018年第5期。

⑤ 参见高翔：《人工智能民事司法应用的法律知识图谱构建——以要件事实型民事裁判论为基础》，载《法制与社会发展》2018年第6期。

存储方式大多是以非结构数据的形式存在，需要将其转化成半结构化或结构化的计算机可读的语言，这个过程需要很多的人力投入。并且，在很长一段时间内让法官改变其裁判格式也并不现实，这既不符合法官群体利用人工智能"决策风险回避"的需求，[①] 又会徒增法官的办案负担，很难得到法官的配合。困境之三是数据处理的问题。受制于数据格式之外，即使做到了将这些司法判例的结构化数据建成一个庞大的数据库，如何建立起一套科学的算法体系来使用和识别这些数据，也存在如"暗箱操作"、缺乏监管等不确定性的风险。[②] 而在困境之外，对于具体的融合进路，囿于技术天堑和研究重心，[③] 学者们几乎草草收笔，多是指出了一些笼统的方向与轮廓，未作过多论证。

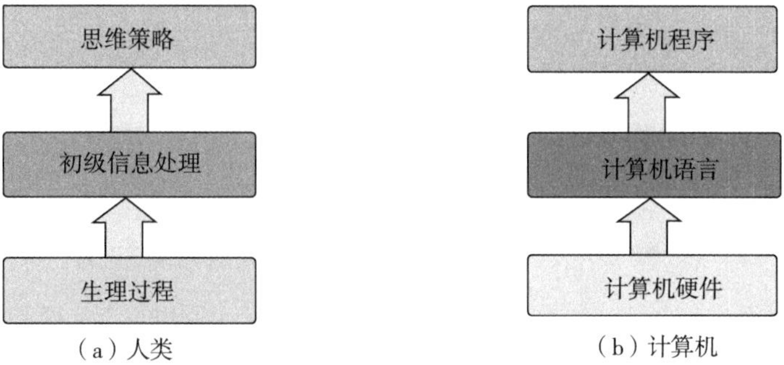

图 4－1　人类认知活动与计算机的比较[④]

① 参见吴习彧：《裁判人工智能化的实践需求及其中国式任务》，载《东方法学》2018 年第 2 期。

② 参见朱体正：《人工智能辅助刑事裁判的不确定风险及其防范——美国威斯康星州诉卢米斯案的启示》，载《浙江社会科学》2018 年第 6 期；程凡卿：《我国司法人工智能建设的问题与应对》，载《东方法学》2018 年第 3 期。

③ 事实上，如何将人工智能具体地应用到司法活动中，已经是一个超越法学学术话语体系的技术性话题了，本不在法学的研究框架之内。相类似地，曾经"红极一时"的法官自由心证的研究，其最大的意义也只是在于更接近地去了解法官决策过程，更好地去控制、规制它，绝非意在改变这种决策过程。研究人工智能在司法中的应用亦与此类似，不应当将其定位于牵引这种技术的发展，而应是为这种技术的开发、发展、应用等行为活动创设一套符合逻辑架构的规则或规则体系，对它们至多只能提前介入"规则预判"的功能范围。

④ 蔡自兴主编：《人工智能及其应用》，清华大学出版社 2016 年版，第 12 页。

二、“辅助”定位引发研究转型

面对人工智能应用于司法裁判存在的三重困境，学者们几乎同步地达成共识，在可预见的发展阶段，智能裁判并不能完全取代法官。从规则层面来看，依据《世界人权宣言》第10条与《公民权利与政治权利公约》第14条的规定，法庭审判必须由法官作出，而非科学家与智能机器依据计算结果进行裁断，人工智能技术并不具有法定的裁判主体地位。[①] 从人工智能运用于司法的初衷来看，它只是试图通过要素分割的路径来解决人脑知识和记忆的有限性问题，技术的介入无意撼动法官的主体地位。[②] 从现阶段的技术角度来看，司法裁判是一个向着道德、伦理等普遍实践论证开放的复杂活动，对其机理本身就无法穷尽式地识别，计算机也自然无法精准学习并替代法官进行独立裁判。[③] 从技术对未来人类社会发展的角度来看，完全依赖机器作出裁判将会影响司法技艺的展开，使技术理性绑架司法理性，[④] 减损人类社会的人文与情感特质，也会令以人性情感、法治精神为基础的自由裁量权的行使受到阻碍。[⑤] 因而，在这些多方面的论证之下，学者们作出了“在很长一段时间内人工智能至多只能充当‘法官办案辅助工具’[⑥]”这样类似的判断。

然而，这种判断和共识并未降低人工智能在司法试点中的热度，反

① 参见张保生：《人工智能法律系统：两个难题与一个悖论》，载《上海师范大学学报(哲学社会科学版)》2018年第6期。

② 参见王禄生：《大数据与人工智能司法应用的话语冲突及其理论解读》，载《法学论坛》2018年第5期。

③ 参见冯洁：《人工智能对司法裁判理论的挑战：回应及其限度》，载《华东政法大学学报》2018年第2期。

④ 参见原新利、续圆圆：《人工智能对司法领域的“正负”双重功能》，载《广西社会科学》2018年第10期。

⑤ 参见盛学军、邹越：《智能机器人法官：还有多少可能和不可能》，载《现代法学》2018年第4期。

⑥ 参见潘庸鲁：《人工智能介入司法领域的价值与定位》，载《探索与争鸣》2017年第10期。

而借由“辅助”角色作为庇护，更多未经充分论证的试点得以面世。“辅助”的定位看似巧妙地回避了技术所带来的三重困境，但本质上是对技术困境的妥协。功能意义上的“辅助”意味着责任意义上的推诿，改革投机者借机产出“无效改革”具有了正当基础。所以，有关智能裁判的研究并不能止于“辅助”共识，而需要以一种更加积极的视角来作出回应。当我们将视线再次回归到智能裁判的三重困境时可以发现，尽管在技术角度存在问题，我们也不得不囿于多种原因将智能裁判限缩为一种辅助的角色，但居于技术之上的法律体系本身就对此有着更高位阶的选择权。“改革措施的出台取决于具体的社会发展条件和制度承受能力”，① 司法制度可以对技术的发展作出谦抑规制，也可以在可接纳的范围内作出调整。“社会需求决定了司法的供给”，② 虽然司法改革需要秉持司法克制，不能突破现有法律框架和司法规律，但是，法律的嬗变是一个不断发展的过程，在不同的价值和模式之间可以作出抉择。因而，以一种更开放的抉择的视角来审视新技术与传统司法所面临的互动，可以避免与技术的发展脱节，也可以反作用于技术与司法更有价值的演进。

第三节　智能裁判的认知原理

一、智能裁判的认知困境基础

符号主义（symbolicism）、连接主义（connectionism）③、行为主义（actionism）是当下人工智能对于认知问题的三个主要学派，各学派存

---

① 周汉华：《论建立独立、开放与能动的司法制度》，载《法学研究》1999 年第 5 期。

② 吴英姿：《司法的限度：在司法能动与司法克制之间》，载《法学研究》2009 年第 5 期。

③ 亦有翻译为“联结主义”，本书采用蔡自兴教授的翻译版本。

在明显的差异,[①] 对于何种认知机制更接近于人类的决策过程始终没有定论，因而在历史的发展中呈现出“交替发展”的态势。其中，符号主义和连接主义之争是近年来的热议对象。符号主义认为“符号是智能行为的根源”[②]，推理的每一个步骤都可以抽象为一个具体符号，可以通过打标记、生成知识图谱的形式令计算机产生智能决策。[③] 虽然符号主义以其透明的算法在20世纪的专家系统中得到重用，但由于其需要不断地通过人力添加知识而逐渐被连接主义取代。连接主义则是一种利用人工神经网络（artificial neural networks）来解释智力的学派。[④] 连接主义可通过深度学习来减少对人力的依赖，但其具体过程无法像符号主义一样以可视的符号进行表示，不具备可解释性和可追溯性，随之产生了算法黑箱问题，广为诟病。

美国的Loomis案就是典型。该案件原本是一起普通的故意伤害案件，但由于在量刑时使用COMPAS评估软件而广受争议，成为被告人提出上诉的重要依据。COMPAS作为一种通过特定的算法以帮助美国法院评估被告人成为累犯可能性的决策支持软件,[⑤] 其衡量因素包括首犯年龄、社区关系、就业状况、居住状况、犯罪史等个人因素。Loomis案被告人对判决不服的原因主要有二：其一，COMPAS软件具有的专业性和商业秘密保护性质令被告人在诉讼过程中很难质疑其评估的科学性、准确性和辩护的有效性；其二，该软件将性别、种族等个人因素纳

---

① 参见蔡自兴主编：《人工智能及其应用》，清华大学出版社2016年版，第9-11页。

② “Symbols lie at the root of intelligent action, which is, of course, the primary topic of artificial intelligence.” See Newell, Allen & Herbert A. Simon, *Computer Science as Empirical Inquiry: Symbols and Search*, Communications of the ACM, 1976, p. 114.

③ 威格莫尔的证据推理图示法就是符号主义应用于司法中的代表。See John H. Wigmore, *Problem of Proof*, 8 Ill. L. R. (1913), p. 77-103.

④ “Connectionism is a movement in cognitive science that hopes to explain intellectual abilities using artificial neural networks (also known as ‘neural networks’ or ‘neural nets’).” See Garson & James, “*Connectionism*”, The Stanford Encyclopedia of Philosophy (Fall 2018 Edition).

⑤ 参见该系统的研发者Northpoint公司发布的《COMPAS核心使用指南》(Practitioner's Guide to COMPAS Core)。

入衡量范畴，极有可能存在种族歧视等影响司法公正的情形，违反了正当程序的要求。[①]

虽然，法官最终驳回了 Loomis 的上诉请求，但对于 COMPAS 这类利用算法提供决策支持的软件提出了极为审慎的判断要求，[②] 并强调了 COMPAS 这类算法软件至多只能在司法中作为量刑的参考，不能单独作为量刑的根据，更不能作为定罪依据，基层法官在使用过程中需要其他理由对其决策结论进行补充，不能孤立地使用这类系统。针对这些特定算法下的决策软件，美国最高法院法官也指出，使用这个量刑参考系统时，需要对法官进行提示，要求法官注意到这个系统的局限性和它可能带来的巨大风险，尽可能地对其中的偏见等因素进行检查，对于无法检查或检查结论有异的工具，应当进行排除。由于新兴技术与美国传统的程序正义等法律体系的内在要求无法兼容，即便技术的精密将有可能提升判决的实体公正，但也因司法透明、种族歧视等可能存在的隐患而威胁司法公信。有美国学者认为，如何提供易于理解和有说服力的分析才是人工智能运用于法律的研究重点，但当前却偏离了这一初衷，[③] 美国还需在制度上对此作出优化与改进。[④]

目前，我国人工智能发展纲要并未对司法人工智能系统的推理机制进行明确的限定，即便有研究承认"人工智能算法的隐蔽性和案件裁判过程透明性间存在冲突"，却由于"法官的裁判过程并非线性模型"，而对 20 世纪 90 年代以符号主义为基础的线性量刑表示了否定的态度。[⑤]

---

① 881 N. W. 2d 749 (Wis. 2016).

② 这类软件的构建初衷也仅在于对假释等情形作出预测，参见李本：《美国司法实践中的人工智能：问题与挑战》，载《中国法律评论》2018 年第 2 期。

③ See L. Karl Branting, *Artificial Intelligence and the Law From A Research Perspective*, ABA SciTech Law Vol. 14: 3, p. 32 – 41.

④ See Ric Simmons, *Big Data and Procedural Justice: Legitimizing Algorithms in the Criminal Justice System*, 15 Ohio St. J. Crim. L. 573 (2018), p. 573 – 582.

⑤ 参见王禄生：《司法大数据与人工智能开发的技术障碍》，载《中国法律评论》2018 年第 2 期。

这也是现阶段我国在司法人工智能开发中选择连接主义的主要态度基础，从腾讯研究院对司法智能审判的研究、上海“206 系统”、四川法院要素式智能裁判等试点的相关披露等信息来看，都将以连接主义为基础的机器学习作为主要技术手段。[①] 与美国当前的主流学界相类似，我国学者们对智能化认识行为的担忧，无论是行政领域的自动化，还是司法领域的智能化，公权力的“黑箱”与透明的关系都成了时下讨论最多的问题之一。[②]

二、智能裁判的认知困境实质

罗尔斯曾言，“我们不能因为一种特殊结果是在遵循一种公平的程序中达到的就说它是正义的。这个口子开得太大，会导致荒唐的不公正的结果”[③]。虽然，有关推理认知的学派并不是法学场域下的研究重点，但不同学派所产出法律人工智能系统却在法学中代表了不同的价值取向，对符号主义与连接主义的取舍，其实质也是法理维度下程序价值和实体价值的彼此相依，难以择一而适。

一方面，程序价值在司法人工智能领域不能被忽视。虽然，黑箱问题在过去一直存在，人工智能也不过是信息时代的一种新的黑箱问题。

---

① 腾讯研究院对人工智能与法律的跨学科研究提出了十大命题，其中包括从法律数据库和文本中自动提取信息，针对电子取证和其他法律应用的机器学习和数据挖掘等，可参见曹建峰：《法律人工智能十大趋势》，载腾讯研究院网 2017 年 8 月 19 日，https：//www. tisi. org/15930。上海“206 系统”虽然未对其证据模型的推理机制进行公开，但从其运行来看，语音识别、自然语言处理等一系列技术都是围绕着深度学习展开，参见王闲东、梁宗：《人工智能首次参与上海法院庭审：能自动识别瑕疵证据的法律人工智能表现究竟如何?》，载上观网 2019 年 1 月 23 日，https：//www. jfdaily. com/news/detail? id = 128936。四川法院要素式智能审判主要是“通过海量法律文书进行采样，在知识图谱基础上，通过机器学习”，参见李林、田禾主编：《中国法院信息化发展报告 No. 2（2018)》，社会科学文献出版社 2018 年版，第 219 页。

② 有关行政领域的自动化问题，可参见胡敏洁：《自动化行政的法律控制》，载《行政法学研究》2019 年第 2 期；有关司法领域的智能化问题，可参见高学强：《人工智能时代的算法裁判及其规制》，载《陕西师范大学学报（哲学社会科学版)》2019 年第 3 期。

③ 罗尔斯：《正义论》，何怀宏等译，中国社会科学出版社 1988 年版，第 82 页。

但是，这一黑箱问题却会带来更加严重的影响，[①] 对程序正义有着更为严重的侵袭。从符号主义向连接主义的迈进是技术的更迭，但就司法公开的立场而言，这种取舍以牺牲程序正义作为前提，无论是具体算法由于属于商业机密而不公开，还是智能决策过程由于技术本身的特点而无法公开，都会由黑箱问题而引发民众对司法公开问题的追问、法官对司法公开问题的忧虑，进而产生司法公信力的危机。“在一个权威的程序中作出某项选择时，我们一般不会再去怀疑其结果本身的合理性，而是自然地去接受这一结果。”[②] 在司法过程中，法庭基于证据所判定的事实真相无法成为绝对真理已为学界所接受或认可，“证据之镜”理论的产生为实现实体公正存在困境提供了坚实的原理基础，[③] 司法活动发生在当下，而案件事实却发生在过去，就实现的难度而言，程序正义也比实体正义更容易被感知和评价。虽然，对接受判决的当事人而言，法官相对隐秘的心证过程与黑箱问题并无二致，但合议制、说理义务、[④] 法官责任制等一系列严密的规则为自由心证作出了约束，而这些严密的规则体系却无法对智能决策产生强有力的制约功能。例如，在技术维度下，对于智能主体的法律资格虽然莫衷一是，但根据我国《产品质量法》，智能产品并无独立的法律主体资格，[⑤] 显然也不具备承担错判、误判的责任能力，合议制等防止独断性的制度架构也无法在决策系统中实现。所以，黑箱问题才会在程序正义领域引发如此之多的忧思。而在黑箱问题引发不可解释性的问题以外，还会如前文所述般由于程序员、案源录入者等一系列与案情无关的非审判人员的介入而产生机器误差以外的误差可能。更甚之，算法编写人员对于司法的理解会以具体的代码

---

① 参见［美］弗兰克·帕斯奎尔：《黑箱社会：控制金钱和信息的数据法则》，赵亚男译，中信出版社 2015 年版，第 264 页。

② 孙笑侠：《程序的法理》，社会科学文献出版社 2017 年版，第 47 页。

③ 参见张保生：《事实、证据与事实认定》，载《中国社会科学》2017 年第 8 期。

④ 虽然，我国法官在判决中的说理程度还有待商榷。

⑤ 参见孙道萃：《我国刑事司法智能化的知识解构与应对逻辑》，载《当代法学》2019 年第 3 期。

和程序文本进行体现，这些代码或程序文本极有可能因为算法编写人员的误判、偏见、差错而对原本的司法行为进行曲解。[①] 但隐秘的过程却令这些差错无迹可循。在代码引发的民事纠纷中，法院没有能力审查代码本身，需要从后果进行个案判断。[②] 而法院适用智能算法的情况亦是如此，社会公众只能通过判决结果来评价个案公正。除非将这些代码或程序转化为具体的自然语言进行释明，[③] 否则一旦由黑箱算法所导出的结论与大众的预判不符，将会加重法官说理、裁判乃至事后纠偏的难度，判决的可信赖性也会产生动摇。

另一方面，程序价值与实体价值在特定情况下是可以被抉择的。以连接主义为基础的人工智能司法在黑箱算法的问题上以减损程序公正来换取实体公正的提升，但又因为司法公开等问题，增加了实体公正实现的难度。根据程序正义理论，程序并不仅仅局限于实现实体公正的工具价值，其本身亦存在独立价值，[④] 对连接主义在司法人工智能中成本的计算，需要将实现程序正义的价值的降低与实体公正的难度的提升归入其中。一般地，程序正义与实体正义在特殊情况下才存在抉择，更多时候二者可被兼顾。无论是历史上以边沁为代表的实体公正优先论，还是英美法系尊崇的程序公正优先论，抑或近年来我国众多法学学者所主张的“程序与实体并重”[⑤]，程序与实体在价值层面的优先并不存在普适的规则，需要基于社会基础等现实情况作出权衡。美国大法官 Henry Friendly 也曾言，对于正当程序不能机械化地进行衡量，如果不论时间、

---

① See Danielle Keats Citron, *Technological Due Process*, 85 Wash. U. L. Rev (2008), p. 1249 – 1313.

② 参见胡凌：《人工智能的法律想象》，载《文化纵横》2017 年第 2 期。

③ 但如何保证释明主体、释明内容的中立性、科学性又会引发诸多问题。

④ 有关程序正义的价值我国学界早在 21 世纪初就已基本形成共识，参见陈瑞华：《论程序正义价值的独立性》，载《法商研究》1998 年第 2 期。

⑤ 参见陈光中：《坚持程序公正与实体公正并重之我见——以刑事司法为视角》，载《国家检察官学院学报》2007 年第 2 期；陈学权：《论刑事诉讼中实体公正与程序公正的并重》，载《法学评论》2013 年第 4 期。

地点条件一律都不进行灵活调整，管理者将难以运作，宪法也并不要求所有案件都经过严格的司法化处理。[①] 所以，人工智能运用于司法审判时可以且需要对此作出抉择。

三、智能裁判的认知困境疏解

就特定的司法功能角度而言，刑事和解、认罪认罚从宽等“合作性司法”[②] 中的智能裁判或许可以暂时地回避这一棘手的抉择问题。有学者曾指出，由于程序正义、无罪推定等原则建立在国家与被告人的对抗性司法中，但在当事人和解、认罪认罚从宽等合作性司法中，实用主义与司法效率更胜一筹，因而在这些合作性司法中，程序正义等传统诉讼理念或许可以成为例外，让位于实用主义的利益观。[③] 在此观点的范畴之下，智能决策所具备的高效、便捷等一系列优势恰好可以被合作性司法应用，黑箱问题等程序正义的问题也更易于被追求司法效率的当事人接纳。只是，这并不代表智能决策唯一的发展路径，也并不意味着智能决策和合作性司法之间有着某种必然的联系，仅试图赘述为智能决策的应用提供某种思路。

虽然，黑箱问题成为人工智能应用于司法审判时的重点抨击之处，其质疑远大于喝彩。但是，该问题的实质仍是一个传统的程序法问题。这是因为，黑箱问题并不是人工智能的兴起而引发的新问题。那么，当我们在讨论智能裁判的黑箱问题时，到底在讨论或恐惧什么？事实上，对于智能裁判系统而言，其黑箱问题主要存在两个环节——裁判前置环节和裁判行为本身。对于裁判前置环节的“黑箱”，主要是由技术人员“夹带私货”，利用司法机关对算法的较为薄弱的审查漏洞，而写入具

---

① See Schwartz, *Administrative Law*, Brown & Comapany, (1976), p. 258.

② 参见陈瑞华：《刑事诉讼的私力合作模式——刑事和解在中国的兴起》，载《中国法学》2006 年第 2 期。

③ 参见陈瑞华：《司法过程中的对抗与合作——一种新的刑事诉讼模式理论》，载《法学研究》2007 年第 3 期。

有歧视、有失公允的裁判规则，需要通过技术规范与司法审查等途径加以制约。对于裁判行为本身的“黑箱”，是目前论争的焦点。然而，这并不是一个新的问题，原先完全由人脑进行决策的裁判过程同样难以被感知，这也是一种“黑箱”，只是这种“黑箱”的主体从人脑转变为了人工智能。所以，人们对推理认知不同学派的逗留取舍，其实质还是“是程序价值还是实体价值”这一经典困局。对于这一困局我们难以给出任何确切的结论，但是，在程序正义可以让位于实体公正的“合作性司法”中，黑箱问题或许可以更容易被诉讼参与人接纳，也为智能裁判系统发挥实质性作用提供了适格的场域。

第四节　智能裁判的裁判依据

一、判例构成事实上的法律渊源

当前，我国将人工智能运用于司法的具体做法，是从大量的判例中提取要素，进行比对，进而得出的相似结论。上海“206 工程”作为国内将人工智能运用于司法审判的先驱与典型，主要的模型是以海量的审判案例为基础构建的。例如，其审判盗窃案件的证据模型就是对 2012 年至 2016 年上海各基层法院审理的 36779 件盗窃案进行筛选和识别建立而成。[①] 贵州省高级人民法院的“司法智能机器人”也是通过与大数据技术团队进行合作，将全省三级法院庞大案件数据库作为主要的模型

① 该信息由上海“206 工程”盗窃罪组负责人朱以珍披露。参见《代号“206”上海刑事案件智能辅助办案系统正式“解密”》，载上海热线网，https：//hot. online. sh. cn/content/2017 - 07/10/content_ 8534259. htm。

来源。[①] 而作为全国“首个建成智慧法院”的苏州市中级人民法院，[②] 其“同案同判数据监测”功能也是源于对海量裁判数据进行情节特征的自动提取和判决结果的智能学习。[③] 对于基层法院而言，虽然案例来源没有上级法院丰富，但以成都市龙泉驿区人民法院为代表，其将中国裁判文书网上的3000多万件裁判文书作为其智能审判的模型来源。[④] 我国各级法院的实践源于智能决策模型构建的技术习惯，现今在国际上通行的法律智能决策模型，大多以特定时间段内的法律文书为基础，利用AI算法来学习过去法律情景的案例信息集，进而构建模型。[⑤] 美国等判例法国家习惯于将司法判例作为审判的直接依据，这种以机器学习为技术基础的量刑辅助系统与其司法体系并无强烈的冲突。但是，在成文法国家，完全依赖过去判例生成新的判例却会与以规则推理为主的司法习惯相背驰。

二、判例的遴选缺陷

从我国智能辅助系统披露的信息中，很难看出其数据库的案件是否存在遴选机制，更遑论是否存在遴选标准。但是，无论是否存在遴选，我国的法律体系都无法保证该数据库的普适性与科学性。一方面，如果数据库来源是某一阶段的全部案件，而不经过遴选，则其中有瑕疵的案件便无法被排除，此时所生成的智能系统将会沦为重复的机械劳动的工具，判决的准确性并不能因此得到提高。智能辅助系统在设立初期，就

① 参见赵静：《贵州：打造智慧法院　提升案件质效》，载搜狐网2017年5月23日，https://www.sohu.com/a/142807921_114731。

② 参见《苏州建成全国首个智慧法院》，载荔枝网，http://news.jstv.com/a/20160917/1474080068613.shtml。

③ 参见徐清宇：《智慧审判苏州模式的实践探索》，载《人民法院报》2017年9月13日，第8版。

④ 参见《要素式智能审判系统为智慧法院建设插上“翅膀”》，载成都长安网，http://www.chengdupeace.gov.cn/jczx/20180704/1784617.html。

⑤ 参见王文广等：《基于混合深度神经网络模型的司法文书智能化处理》，载《清华大学学报（自然科学版）》2019年第7期。

意在破除过去审判中存在的“同案不同判”“缺少统一度量”等问题,[①]但最终又将这些缺少统一标准的案件尽收囊中，以期构建一个标准统一的庞大系统，这在逻辑上存在矛盾。另一方面，有差别的遴选则会在我国现有的制度体系中因缺少监管而使遴选者变相成为“立法者”。我国的指导性案例就采用遴选的方式进行，并且遴选后的案件有可能经由最高人民法院作出适当的修改,[②] 但具体的标准和依据却相对隐秘，遴选主体的身份也存在争议，行政化遴选方式不利于案件的普适价值。[③] 显然，我国以成文法为习惯的法律体系并未对案例遴选的标准、机制等层面的问题进行规制，虽然案例的收集和参照在技术上更为便捷，但以此为基础的智能裁判系统在与我国法律体系的调适时注定阻力重重。

三、系统的推广困境

事实上，以上海“206 工程”为例，其产物可能难以在全国推广。一方面，虽然我国有统一的立法体系，但由于文化理念、发展水平等现实差异的存在，法律的地方能动性正在不断地显现。[④] 差异性的地方立法、“巡回法庭”的审判下沉等一系列改革措施，都在一定程度上回应和调和着这些问题。所以，与美国法院“遵循先例”机制的运行阻力相类似,[⑤] 人工智能案例库的案源也很有可能因为具有浓重的地方烙印而无法在更大的范围内得以适用。另一方面，不只在横向推广（跨行政区域）时有隐忧，纵向推广（跨审级）时亦有可能存在障碍。一般来

---

① 参见中国社会科学院法学研究所国家法治指数研究中心、法治指数创新工程项目组：《中国法院信息化第三方评估报告》，中国社会科学出版社 2016 年版，第 45 页。

② 参见章程：《论指导性案例的法源地位与参照方式——从司法权核心功能与法系方法的融合出发》，载《交大法学》2018 年第 3 期。

③ 参见牟绿叶：《论指导性案例的效力》，载《当代法学》2014 年第 1 期。

④ 参见葛洪义：《法治建设的中国道路——自地方法制视角的观察》，载《中国法学》2010 年第 2 期。

⑤ 参见林喜芬：《美国法院遵循先例的运行机制及启示》，载《比较法研究》2015 年第 2 期。

说，上级法院对下级法院的裁判往往具有检查、纠偏的职能，但是统一模型的适用则会令这种检查和纠偏的功能变为机械化地重新演绎，无法识别因算法、案源等系统本身的原因所导致的瑕疵，上下级法院相统一的普适标准难以识别并纠正程序瑕疵，在此意义上也就无法实现辅助系统的纵向推广。

有学者曾指出，中国的传统司法崇尚绝对法定刑主义，各代刑律几乎排除了量刑的余地，这种固有的思维方式使计算机量刑在我国更容易被接纳。[①] 但是，无论是因为不同地域间的社会发展差别，还是上下级法院之间的“纠偏”功能，都需要脱离单一的量刑系统，保证自由裁量权的行使空间。所以不难想象，上海“206 工程”等试点的结果，很有可能不是全国性的铺开，而是各个地方重新开发相应的系统。此时，改革进程将会与原本设想的情况大相径庭，改革成本也将增加，注定会面临更多的阻力。

四、以指导性案例制度作为参照

从成文法与判例法的关系来看，在我国，案件的判决需要以成文法规作为直接的法源，虽然判例的比对也源于对成文法的遵照，但却是一种间接的遵照，一旦将人工智能辅助系统由判例提取模型的做法定性为判例法，则将难以与以成文法为传统的司法体系相兼容。虽然，智能决策系统作为一种“辅助”，最终的裁判权仍然归于法官，甚至在判决书中这种以判例为依据的决策过程也可以被隐匿，我国现阶段的智能裁判看似并未从根本上冲击成文法传统。但是，我们无法得知在具体运用过程中这种“辅助”的具体程度，一旦对此产生依赖，法官很有可能沦为文件签发者，而使决策系统成为实际的审判者。甚至，这一切都无法进行事后追查。所以，需要对智能裁判系统的性质、案件遴选、适用范

---

① 参见季卫东：《人工智能时代的司法权之变》，载《东方法学》2018 年第 1 期。

围作出界定。

（一）案例指导制度

2010年正式确立的案例指导制度的建立使我国形成了“法律—司法解释—案例指导规则”多元的法律规则体系。[①] 但是，在2014年至2024年的摸索中，指导性案例的遴选主体、遴选规则极具争议。其一，从遴选过程来看，虽其具有一套严格的选送、上报、遴选、编辑和讨论决定制度，[②] 但行政化色彩浓重，具体的遴选依据和规则停留在最高人民法院（最高人民检察院）内部层面，仅明示了“具有典型意义、可以有效指导高发、频发案件”这一项重要的遴选标准。并且，除了相对隐秘的遴选过程外，被选择的案例还将经历相对隐秘的修改工作，[③] 而具体的修改规则和修改方式，亦无从可得。所以，经过了一系列“加工”的指导性案例，既不是一种遵从先例的“自然生成机制”，也不是成文法的抽象化表达，只能称其为“介于判例与成文法之间”[④]，或者一种接近于司法解释的案例化演绎，并未撼动成文法在我国司法体系中的地位。其二，从指导性案例的遴选主体来看，虽然相较于智能裁判，其主体更为明确，但也饱受质疑。有学者指出，虽然许多指导性案例的适用频率不高，但是并不能说明该案例在司法实践中不具有参考价值。相反，许多基层法院、检察官、律师以及学者，都会在研究案件时将过去的案例作为一种参考，司法人员具有很大的案例参考需求。[⑤] 影响指导性案例“生命力”的最主要原因之一，还在于其遴选机制和遴选主

---

① 参见陈兴良：《案例指导制度的规范考察》，载《法学评论》2012年第3期。

② 参见张骐：《论中国案例指导制度向司法判例制度转型的必要性与正当性》，载《比较法研究》2017年第5期。

③ 参见章程：《论指导性案例的法源地位与参照方式——从司法权核心功能与法系方法的融合出发》，载《交大法学》2018年第3期。

④ 陈兴良主编：《中国案例指导制度研究》，北京大学出版社2014年版，第38页。

⑤ 参见秦宗文、严正华：《刑事案例指导运行实证研究》，载《法制与社会发展》2015年第4期。

体与司法实务有所脱节，普适价值不高，[①] 最高人民法院（最高人民检察院）遴选出的案件虽然具有一定的典型意义，但与司法实务所需求的案件类型与内容有所出入。因而，学者们也为指导性案例的遴选主体范围发声，期望在人民法院的指导性案例遴选中，最高人民法院不再是唯一的“垄断力量”，应与地方法院、专家学者共同参与的“自发秩序形成”进行平衡。[②]

（二）智能化裁判的回应与优化

其一，定性问题。在不同法系逐渐相互渗透的趋势下，成文法与判例法的绝对界限已经开始模糊，在一些成文法系国家，即便判例并未成为正式法源，但却在现实意义上作为进行判决正当性证明的参考。[③] 而我国的案例指导制度亦是对两种法系进行融合的尝试，虽然并未得到立法机关的确认，但最高人民法院借由自身权威将这种“经最高审判组织确认认可的程序安排”进行了“自我正当化”。[④] 虽然，人工智能辅助系统以案例生成决策的逻辑与成文法的传统存在差异，但绝非完全冲突。尤其是在将人工智能辅助系统定位于辅助地位的背景下，人工智能辅助系统只是将过去法官查阅类案进行参考的行为进行了统一化、规范化，还不足以撼动成文法在我国法律体系中的地位。

其二，司法机关对立法权的影响。虽然，案件遴选在实质意义上更接近于立法权，避免司法机关向实质立法机关的演变是“判例法还是实体法”这一抉择的核心，但是，在我国的国情下，立法机关——人大的监督依然存在。在我国《宪法》中，明确规定了法院、检察院由同级

---

① 参见牟绿叶：《论指导性案例的效力》，载《当代法学》2014 年第 1 期。

② 参见周光权：《刑事案例指导制度：难题与前景》，载《中外法学》2013 年第 3 期。

③ 参见薛军：《意大利的判例制度》，载《华东政法大学学报》2009 年第 1 期；解亘：《日本的判例制度》，载《华东政法大学学报》2009 年第 1 期。

④ 参见张骐：《再论指导性案例权力的性质和保证》，载《法制与社会发展》2013 年第 1 期。

人大产生，受其监督、对其负责，虽然人大对司法机关的监督并不渗透到个案之中，但是在具体审判过程中依然具有威慑力，司法机关难以撼动立法权。

其三，智能裁判系统的推广问题。在回答智能裁判系统如何推广的问题之前，还有一个更为基础的问题——智能裁判系统是否会在全国范围内进行统一？虽然，智能裁判系统在现阶段多以各地自行试点的形式适用，但是，一如前文所述，智能裁判系统建立之初就意在解决“同案不同判”等影响司法统一尺度的问题，可以预见，在技术试点成熟后，智能裁判系统将会划归至统一的信息平台。但是，这种统一应当是技术上的统一，对于遴选主体而言需要避免如案例指导制度所形成的垄断局面，在尊重司法合理的地方性差异之基础上，在案源上进行适当的差异区分，只是这种差异需要合法赋予、统一监管，防止产生新的司法乱象。

其四，上下级法院的纠偏问题。对于智能裁判系统，应当在上诉、重审、再审等审判环节不适用或少适用。第一，智能裁判系统的目的在于调整“案多人少”等司法现状，但是对于承担上诉、重审、再审的法院而言，其审判压力小于一审法院，“效率”功能需要让位于“纠偏”功能。第二，在这些环节二次使用智能裁判系统，几乎不会发挥任何作用。智能裁判系统只会进行简单重复的机械化演绎，往往会得到与之前判决相同的结论，纠偏功能无法实现。第三，就责任形态角度而言，无论是一审环节的智能裁判系统存在误差，还是最终把关的法官存在错误，由于智能裁判系统目前的“辅助”定位，最终都是由该主审法官来承担责任，重复使用智能裁判系统可以为误差的来源提供参考，但这种参考在司法责任的分配上不具有任何意义。故而，上下级法院之间的纠偏功能还是需要以人力为主，在上诉、重审、再审等环节应当限缩智能裁判系统的使用。

第五节　智能裁判的审判管理

2018年，时任阿里巴巴副总裁的俞思瑛曾提出，随着信息化的普及和发展，基于信息和技术的社会基础变革，国家治理模式也有所变动——过去更多的是基于“行政审批”的管控模式，其背后是对被控者“不信任”的假设，而如今更多的是基于数据记录，进行自动监督、抽查的管理模式。季卫东教授亦将这种转变定位为“从基于规制的管理到基于信息的管理”。[①] 而在运用了信息化技术的司法中，这种审判管理和审判管控的对立却并未因为技术的迭代而发生明显的转型，甚至由于这些信息化管理系统沿用了行政管理部门的设计思路，出现了一些与司法审判权、法官隐私权相冲突的技术构建。有学者担忧地指出，信息技术带来便捷化管理的同时，也容易回溯到过去行政化的管控中，对社会发展的各个方面进行渗透，进而困扰社会大众。[②] 对此，需要厘清哪些技术属于审判管理的范畴，而哪些技术属于审判管控的外延，并对此作出评价和取舍。

一、智能审判管理的概念

审判管理，主要是指人民法院通过组织、领导、指导、评价、监督、制约等方法，对审判工作进行合理安排，对司法过程进行严格规范，对审判质效进行科学考评，对司法资源进行有效整合，确保司法公

① 参见俞思瑛、季卫东等：《对话：技术创新、市场结构变化与法律发展》，载《交大法学》2018年第3期。

② 参见［美］吴军：《智能时代：大数据与智能革命重新定义未来》，中信出版社2016年版，第261页。

正、廉洁、高效。[1] 从我国法治发展的过程来看，审判管理的概念兴起于20世纪末，在此之前，我国的传统司法采用了审判与管理不分的模式，司法的行政化色彩极为浓重。[2] 但随着司法“去行政化”趋势的兴起，独立的审判管理部门开始在各个法院逐步建立，最高人民法院也在《人民法院第一个五年改革纲要（1999—2003）》中明确了建立案件审理流程管理制度的决心，并在之后的第二个五年改革纲要中将审判管理制度细化为审判管理组织制度、审判流程管理制度和司法统计制度三个方面，聚焦于流程管理、质量管理和绩效管理。[3] 此后，人民法院改革纲要不断演进，但对于审判管理的内涵没有发生过多的变化，依然主要聚焦于原先的三个方面。

何为信息化审判管理，学界对此有广义和狭义两种概念。广义上，信息化审判管理几乎涵盖了所有审判信息化内容，有学者在谈论审判管理的信息化时就将裁判文书上网、审判服务、流程节点控制、司法监督等四个部分尽收其中，[4] 在这种分类体系之下，审判管理信息化几乎涵盖了审判的所有环节，在传统审判管理的内容之外，还包括了审判管理文书自动生成、电子送达、庭审语言记录、办案辅助系统等内容。但是，狭义上，更多的学者将信息化审判管理限缩在一个较小的范围之内，其所指亦与传统审判管理的内容大体相当。例如，有学者认为，信息化审判管理除了相应的科技建设之外，主要表现为对案件的流程管理、节点管理和层级管理，而电子卷宗、办案辅助系统则是审判管理信息化的“意外之果”，是由审判的信息化所带来的审判方式、审判机制

---

① 参见王胜俊：《创新和加强审判管理 确保司法公正高效——在全国大法官专题研讨班上的讲话》，载《人民法院报》2010年8月24日，第1版。

② 参见龙宗智：《审判管理：功效、局限及界限把握》，载《法学研究》2011年第4期。

③ 参见《人民法院第二个五年改革纲要（2004—2008）》。

④ 参见胡昌明：《中国智慧法院建设的成就与展望——以审判管理的信息化建设为视角》，载《中国应用法学》2018年第2期。

的改变，并不属于审判管理信息化的范畴。[①] 本书亦认同此种观点。虽然，目前在官方的工作报告和评估报告中，几乎将所有的审判信息化内容等同于审判管理的信息化，但这种归纳的出发点并非学理层面的界定，更多的是政绩层面的考量。并且，由于学理界对于审判管理的争论点也多在其“行政化”的结构性问题上，很少对其内涵进行界定，所以才会在概念上产生一定的差别。就概念的实质性而言，信息化审判管理依然是一种管理活动，审判环节可以受到审判管理的影响而发生信息化的技术演进，并为审判管理的信息化提供配套与支持，但这已经超越了管理活动本身。所以，信息化审判管理应当只包括流程管理、质量管理和绩效管理等管理层面的信息化。

二、智能审判管理的应用

从具体的应用来看，智能化审判管理系统中最典型的系统有两个——审判节点管理系统和审判质量监督管理系统。审判节点管理系统主要是对审判从立案到执行的全过程进行过程统计，并对法官办案过程中的每一个节点也进行实时关注，在此系统后台即可对法官个案办理的具体进度进行可视化观察。例如，贵州省遵义市中级人民法院就通过这一系统，对每一个案件的“立案、开庭、评估鉴定和解、送达、结案、生效、文书上网、上诉移送、归档等 9 个节点实行重点监管”。[②] 除了督促法官提高办案效率以外，由于该系统将审判过程数据化，可以便捷地进行大数据统计，对于法官的办案偏好、办案风格等内容也可以轻易识别。南京市中级人民法院就以此为基础，建立了以法官“司法技能”和“办案效率”等内容为核心的绩效考核办法，通过信息化技术将节

① 参见左卫民：《信息化与我国司法——基于四川省各级人民法院审判管理创新的解读》，载《清华法学》2011 年第 4 期。

② 《遵义市中级人民法院 科技创新助力审判管理信息化》，载《贵州日报》2019 年 11 月 27 日，第 20 版。

点管理与绩效评估挂钩。

相较于审判节点的信息化管理系统，审判质量监督管理系统对于个案的介入则更为明显。从南京市规范化监督管理系统的运行轨迹来看，无论是院长、庭长，还是审判委员会，都可以通过该系统，对个案进行监督。尤其是法院院长和庭长，可以对长期未结案的案件、具有重大社会影响力的案件、疑难复杂案件、与南京市中级人民法院或上级法院类案裁判冲突的案件、涉及法官犯罪的案件以及发改案件实行动态监督——可实时掌握和过问案件具体进展。在南京市中级人民法院的报告中指出，在这一审判管理系统的助力之下，南京全市法院长期未结案数量明显减少，案件被改判发回重审率明显降低，效果显著。①

三、智能审判管理的边界

（一）法官的隐私权：审判流程节点管理的信息化影响

就技术的角度而言，审判节点信息化管理系统和审判质量监督管理系统都试图通过信息技术提高审判管理的效率，但是，这种管理模式与传统的管理模式相比，对法官司法裁判过程的“染指”将更隐秘和细致，在审判管理结构式调整的趋势下，这种侵入不难引发我们的疑虑，其中，对法官自由裁量权的侵扰成为焦点。在调研中，法官群体对于智能裁判可能存在的监控领域有三重担忧。其中，第一重与第二重担忧均与法官的隐私权有关。第一重担忧来自办案时长方面。在一些试点法院，智能裁判系统、电子卷宗系统等电子化应用系统已经集成在统一的办案平台，对于法官而言，从接收案件开始，他们在统一平台内的操作流程，尤其是办案时长都将被记录在案。然而，法官们个性化的裁判特点会投射出稍长或者稍短的办案时长，法官群体担忧这种对办案时长的

---

① 参见江苏省南京市中级人民法院课题组：《南京法院新型审判权运行监督管理平台实践报告》，载陈甦、田禾主编：《中国法院信息化发展报告 No. 3（2019）》，社会科学文献出版社 2019 年版，第 235－239 页。

记录会在未来成为一项考核标准，进而演化为一种以量取胜的锦标赛工作模式。此外，也有法官担忧，这种依靠机器进行的办案全流程管控会成为一种过度的束缚，使其工作分心，影响其办案效果。例如，在2017年全国法院减刑假释信息化办案平台建设推进会上，最高人民法院就提出了要通过智能系统实现对减刑假释案件流程节点的管控。[①] 就伦理学的角度而言，一旦在隐私权领域形成隐患，就需要完善隐私权人的知情权，制衡数据持有者的行为。[②] 但是，目前法院对于法官相关数据的收集、使用很少作出告知，对于这些数据如何进行处理亦极为隐秘，法官群体对于自己的何种数据被采集了并得到何种结论的分析均一无所知。因而，智能裁判系统对法官知情权层面的忽视，加重了法官群体对于自身隐私权的担忧。

法官们的第二重担忧源于智能裁判系统对法官办案风格的识别和利用。目前，大数据分析可对法官办案风格进行类型化，由此可能会产生以结果为导向的分案。例如，不同认知风格的法官在司法决策倾向上存在一定的差异，[③] 使用了智能裁判系统以后，通过大数据分析，可以归纳出法官在这些决策上的差异。过去，基于自由裁量权和个案公正的考量，允许法官在适当范围内存在决策差异，并且这种差异极为模糊。然而，在智能裁判系统中，这种差异很有可能被放大。在我国法院，尚未存在特定的分案程序机制，多采用随机分案的方式确保案件分流的公正性。但是，一旦对法官在决策上的差异进行细化，分案者可以对判决进行一个预测，令分案过程存在制度空隙——为达到某种判决结果而人为

---

① 参见伍咏梅主编：《中国法律年鉴（2018）》，中国法律年鉴社2018年版，第157页。

② 参见李伦、黄关：《数据主义与人本主义数据伦理》，载《伦理学研究》2019年第2期。

③ 参见韩振文：《论认知风格对法官决策差异形成的影响》，载《中南大学学报（社会科学版）》2016年第6期。

地分案给具有某种认知倾向的法官，进而令办案公正性存在隐患。[①] 2000年前后，我国曾出现过“大立案”模式。[②] 在这一阶段，审判管理权下放至立案庭，立案庭既从事立案、分案等业务性工作，又承担对案件流程监督管理的职能，然而由于立案庭人员对于审判活动的专业能力较弱，这种模式下的审判管理陷入一种无序的状态——法官需要机械地听命于立案庭的审前安排，甚至出现立案庭人员“工作扯皮”的现象。因而，立案庭对审判的监督、管理权被迅速收回。这也为后续的改革作出警示，以立案管控审判的做法有损审判权运行秩序，需持以慎重。所以，虽然信息化审判管理系统对法官风格的识别在科技上具有前沿性，但识别法官风格对于审判活动而言并不具有任何益处，其动机令人匪夷所思。甚至，还有可能以牺牲法官的个人隐私为代价，变相地影响立案庭分案时的权力构成，对审判秩序而言具有隐患。

（二）法官的审判权：审判监督管理的信息化影响

有研究曾对上海市4985名法官进行调查，在这些占据当时上海全市法官总数72%的受访法官中，有44.3%的法官认为保护法官权益的专业力量不足。2014年1月至2015年8月，在上海全市受理的148起侵害法官权益的案件中，侵害法官隐私权的案件就达到11起，占所有受理的侵害案件的7.4%左右，干扰法官依法行使审判权的案件更是达到52起，占35.1%左右。[③] 在隐私权侵害以外，在传统的司法形态下，

---

① 虽然，目前的分案系统以人工智能技术为依托进行自动分案，但很大程度上还存在“人工纠偏”等人为干预的空间。智能分案系统的相关介绍可参见金昌伟：《人工智能分案机制探析》，载《中国政法大学学报》2020年第2期。

② 参见李生龙、贾科：《反思与重塑：法院系统内部审判管理机制研究》，载《西南政法大学学报》2010年第4期。也有说法认为，1998年山东省寿光市人民法院就已经开始试行“大立案”审判流程管理模式，参见葛治华、邓兴广：《法院审判流程管理模式：反思与进路》，载《政治与法律》2006年第4期。

③ 参见叶青主编：《依法独立行使审判权保障机制研究》，法律出版社2018年版，第189页。

侵害法官审判权的情形同样较多。对于通过信息技术进行的审判管理，法官们的第三重担忧便是它对审判权的入侵，主要集中于这类管理系统对裁判结果的控制。

在当下的信息化审判监督管理系统中，“偏离预警系统”成为多个法院信息化建设的亮点。例如，2016 年，贵州省高级人民法院建立了全省重大刑事案件大数据库，根据案件的大数据分析结果来对法官审判的案件的审判结论进行预测，一旦法官的审判结论与大数据预测的结果相违背，就会触发偏离预警系统，对法官作出警示。该系统以“法官的 GPS 系统”自居，并成为该年度贵州省高级人民法院信息化建设的亮点工程之一。① 无独有偶，南京法院亦有过类似的试点。南京擎盾信息科技有限公司就曾因为研发出一款“机器人法官”而引发舆论的广泛关注。该研发团队介绍，此“机器人法官”的重要组成部分就是“同案不同判预警系统”，这一系统立足于 1600 万份案件判决书的大数据库，并吸纳了东南大学等高校的智库意见，可以对法官的判决进行“校对”，“校对结果”偏差较大的，会自动预警，需要主审法官向审判委员会进行说明与解释。②

对于这些“偏离预警系统”，虽然在一定程度上为法官的判决提供了检查的渠道，能够帮助法官尽快地发现自身审判工作的漏洞，但也令法官群体产生疑虑，如此预警是否真的可以在保证依法独立行使司法职权的前提下，带来司法效率的提高？调研发现，在试点过程中，这一功能的效果并不突出。一方面，预警系统的智能化水平有限，在量刑幅度上有一定的空间，至多只能对法官具有较大漏洞的输入错误进行识别。并且，即便随着其智能化水平的提高，在量刑幅度上可以作出更为详尽

---

① 参见《重大刑事案件高院建数据库实现裁判预测偏离预警》，载多彩贵州网，http://news. gog. cn/system/2016/07/05/014999028. shtml。

② 参见邱海鸿：《南京法院拟引入机器人辅助判案：“阿尔法”是替身还是帮工?》，载澎湃网 2016 年 12 月 30 日，https: //www. thepaper. cn/newsDetail_ forward_ 1590536。

的约束，但也无法穷尽个案的所有要素，并不天然地具备优于法官判决的属性。另一方面，虽然预警系统的启动比例不高，但一旦被识别为偏离智能裁判系统预设结果，法官需要作出比原先判决书更为详尽的说理，加重了法官的审判负担，司法效率无法得到显著的提升。由此，智能化裁判系统虽然为审判管理带来了新的技术，但其限度也令法官们充满担忧。从审判管理异化为审判管控、审判监控仅在一瞬之间，无论是对办案时长、办案风格等较为隐秘的审判领域的入侵，还是对裁判结果预警式的干涉，都需要我们对“审判管理与审判控制”的命题作出反思与回应。

四、依法独立行使审判权

（一）依法独立行使审判权的制度困境

我国《宪法》第 131 条规定，“人民法院依照法律规定独立行使审判权，不受行政机关、社会团体和个人的干涉”。这被视为独立行使审判权的最根本来源。有学者对此解读为，独立行使审判权的主体为集体意义上的法院，该条文并非赋予法官个体意义上独立行使的案件审判权，就历史发展的角度而言这一解读虽具备合理性，但审判权交由审判委员会等未亲历法庭的人员，会与直接言词原则相抵牾。[①] 在司法实践中，虽然法官的审判权需要得到制衡和约束，但审判委员会等一系列制度的存在也带来了司法科层化等问题。

另外，党的十八届三中全会提出要完善“主审法官责任制”，法官需要对自己承办的案件承担更为明确和长久的责任。此时，行政色彩的干预会令法官受到更多束缚，一旦法院集体决策与法官自身认同的公正判决有所出入，法官如果听从集体决策，则将面临承担终身责任的风

---

① 虽然，《法官法》第 7 条也作出规定，但是，该规定仅是对法院外部的组织、个人干涉之排除，并未规定法官在个体意义上可以独立行使审判权。参见叶青：《主审法官依法独立行使审判权的羁绊与出路》，载《政治与法律》2015 年第 1 期。

险。虽然，审判留痕意在将这种矛盾记录在案，便于事后追责时划分责任，但在司法现实中，一些干预者会试图将这些痕迹“轻描淡写”，并将日后的责任推诿给法官，使法官决策陷入僵局。在独立行使审判权未能得到有效保障的前提下，法官责任的强化使法官的权责难以平衡，加诸法官待遇等原生问题，部分基层法院出现了法官离职热潮。因而，司法实践也对此逐渐重视——科层化的审理理性需要逐渐弱化，[①] 在法官责任逐渐完备的情况下，独立行使案件审判权的主体已不再需要限缩在法院的集体层面，法官的主体性及其在审判权领域的独立性有待加强。

（二）依法独立行使审判权对信息化的回应

在信息化时代，独立行使审判权的局限与演进方向亦同样需要得到回应。其一，需要认识到，法官的亲历性强于智能裁判系统等一系列以机器为基础的信息技术手段。在“以审判为中心”的改革下，庭审过程已然越发得到重视，通过庭审的交锋更利于事实真相的查明和辨别。但是，信息化审判管理系统，尤其是上文提及的偏离预警系统，只是建立在对大数据梳理后的一种预判，不具备实际参与法庭审判的可能，它对具体案件的理解源于相关证据材料要素式的录入而非庭审的实际感受。所以，以此作为法官审判结果的校验，只是基于相关材料的梳理，而非法庭的亲历，其准确性应当是低于法官亲历后的决策结论。以此作为校验手段的管理模式，反而会削弱审判中心主义的改革效果，引导法官注重案卷材料而弱化对庭审的投入。

其二，也需要认识到，由审判委员会审查案件偏离预警与独立行使审判权的时代内涵有所出入。在试点中，偏离预期的案件将会触发警

① 参见林喜芬：《内生司法文化：审判权独立运行的可能障碍》，载《理论视野》2015年第4期。

报，法官需要向审判委员会说明并由审判委员会作出审查。[①] 然而，由审判委员会裁断案件的做法具有较强的科层化色彩，在学界也存在争议。有的学者主张取消审判委员会讨论案件的功能，以避免由其案件审核签发程序引发审判权主体混乱的局面；也有的学者主张保留审判委员会，但需要淡化其决定案件事实的功能，仅具备法律适用的决定权。[②] 但是，无论哪种观念，都认可了独立行使审判权主体的变迁——逐渐落实以法官为主体的独立审判权已经成为我国审判方式的一大改革方向，[③] 信息化审判管理的规则构建亦需要顺应这种改革方向，而扩大审判委员会的审查权力却与此背道而驰，需要加以警惕。随着法官责任内容的强化，法官对审判权的自我约束正在逐步提升，过去由审判委员会进行把关监督的行政化逻辑不再具备必要性，通过法官责任形态的强化，可以释放出审判委员会担负的个案管控职能，使其专注于宏观层面的管理功能。并且，一如《国际法院规约》中所规定的“法院以独立法官若干人组织之”，对法官的相对独立性的提倡、对审判委员会权力体系的简化已成为一种国际司法趋势。在此框架之下，偏离预警后向审判委员会报告审查的规则，必然与独立行使审判权的时代内涵发生错位。在法官责任不断被强化、法官独立性逐渐被认可的情况下，偏离预警系统仅作为一种对法官自身的提示才是一种符合司法规律的审判管理模式。

五、双向监控制度

（一）双向监控的技术逻辑和制度原理

信息化时代的隐私权问题，一直都为社会大众所重视，但却很难通

---

① 除南京试点中需向审判委员会提出说明外，马长山教授在浙江大学的讲座中提到，上海“206 系统”设定当案件偏离度达到 80% 时，案件需要交由庭长审查。

② 参见陈卫东：《司法责任制改革研究》，载《法学杂志》2017 年第 8 期。

③ 参见蒋惠岭：《司法改革的知与行》，法律出版社 2018 年版，第 73 页。

过有效的行动加以规制，目前多以行业内的自我约束进行。对于法官群体的隐私权，虽然法官的公职身份令其必然地受到监督，但这种监督亦非毫无界限，就人权保障的角度而言，这是最低限度的法官职业保护，就司法秩序的角度而言，以法官隐私作为筹码，会影响法官决断的公正性。与法官审判权层面的抉择方向所类似，隐私权上的顾虑也可以通过审判管理方式的转变得以削减。

当前，信息化大数据时代的隐私权保障主要有两种措施。[①] 一是“预处理”，对产生的数据进行加密或替换外观形式，令数据处理者仅能处理数据而“读不懂”数据。该方式能够防止技术人员对隐私的窃取与泄露。二是“双向监控”，在允许他人浏览数据的同时，设定一个反向监控，对浏览或使用者的身份、浏览时长、浏览内容加以记录，并反馈给被浏览者（被监控者）。认同该措施的学者认为，人们乐于监控或者挖掘他人隐私的原因在于不需要为此付出任何成本，一旦其监控行为暴露，则其行为将在一定程度上得到约束。就学理角度而言，“双向监控”将处于审判管理中的法官置于一个与管理者相平等的状态，由于管理者的管理行为与管理内容可以直接反馈给被管理者，二者在信息的掌握上处于对称状态，实质上突破了科层化的状态。

（二）通过双向监控恢复干预可知化

“我国的审判管理带有一些科层制的特质，信息化无疑使这种科层制的管理如虎添翼、效率大增。”[②] 对于法官群体而言，信息化司法管理系统识别的办案时长、办案风格等一系列过去较为隐秘的信息，也可参照“双向监控”的方式，在其智能端口设置查阅者的浏览记录。概

---

① 参见吴军：《智能时代：大数据与智能革命重新定义未来》，中信出版社 2016 年版，第 261 页。

② 左卫民：《信息化与我国司法——基于四川省各级人民法院审判管理创新的解读》，载《清华法学》2011 年第 4 期。

言之，在过去法院领导对于法官案件办理过程的关注、过问，往往需要通过与法官谈话交流的方式实现，法官由此具有知情权，且在一定程度上可以决定谈话汇报的信息量。但全程电子化办案后，可以通过后台查看办案进度，通过根据法官办案风格与办案时长预测办案节点，绕过与办案法官的交流而较为隐秘地过问、关注案件。由于这种过问、关注不为法官所知，其频率、数量亦会多于先前，所以，引入“双向监控”的浏览记录后，这种关注将回归到过去可被法官感知的状态之中，法官的隐私权可适当地得到保障。这是因为，其一，就干预的内容而言，双向监控方式可以让被监控者得知，透明程度高，与过去谈话式的干预模式类似；其二，就干预的频率而言，由于双向监控制度的留痕处理，过多的关注将被记录，对监控者有一定的约束力，促使其减少干预。

2015 年，最高人民法院颁布《司法机关内部人员过问案件的记录和责任追究规定》，其第 6 条指出，“对司法机关内部人员过问案件的情况，办案人员应当全面、如实记录，做到全程留痕，有据可查”。信息化审判管理系统应用以后，司法机关内部人员过问案件不再需要与办案人员直接对话，办案人员无从得知案件是否经过过问，也就无法（或无须）做到“全程留痕”，令该条文形同虚设。但是，就立法目的而言，该条文的意义并非赋予司法内部人员记录或留痕的义务，而是试图通过“全面、如实”的记录和留痕，规范司法机关内部人员对具体案件的过问情况，从事后追责的可操作性上来减少案件无关人员对司法过程的干预。虽然，运用信息化手段的审判管理系统巧妙地避开了这一司法制度的缺点，但又与立法目的相抵牾——无论是何种形式的过问案件，都应当得到记录。所以，双向监控制度恢复了办案人员对过问情况的可知性，并且也通过留痕的方式在过去由办案人员主导的“过问记录”上增加了机器记录的辅助性措施。这是对办案人员无法记录案件过问情况的一种补充，也是对过去干预可知化的恢复。

对于审判管理而言，其无法回避自上而下的行政属性，但其又并非与独立行使审判权相矛盾。这是因为，审判管理并不是一种审判管控，它无须“直接介入审判过程并影响甚至决定案件的实体处理”①。在审判管理的各个主体中，以审判委员会为主体进行的，只是一种宏观决策管理，② 就法官而言，对其进行的审判管理至多定位在审判质量之上，审判管理“指向的是审判中的越轨行为，而不是审判本身”③。审判管理与审判管控存在明确的界限，审判管理并不侵入法官的自由意志，④ 而审判管控则是一种对法官独立审判权力的撼动。现代司法文明承认必要的审判管理以约束法官行为，但并不崇尚对法官进行审判管控而减损其裁判过程中的自由意志。对于审判管理与审判管控的摇摆，其实质是一种司法理念与司法实践的取舍。信息化司法管理系统的制作者多为技术人员，他们对于管理模式的界限不够明晰，习惯将其他企业、行政机关的“科层化”管理架构与管理理念直接适用于审判管理，而忽略了审判管理与其他行政化管理之间的区别。因而，在我国审判管理改革需要破除“科层化”等结构性问题的趋势下，⑤ 信息化审判管理系统的应用也需要不断弱化智能预警系统的地位，并引入“双向监控”等制度，以避免审判管理异化为审判管控。

第六节　智能裁判的价值追问

如今，我国尚未出台智能裁判的相关规则，适用智能裁判等新型科技手段的程序遵照传统的法律规则进行，这也就无法对智能辅助系统的

① 龙宗智：《审判管理：功效、局限及界限把握》，载《法学研究》2011 年第 4 期。
② 参见公丕祥：《当代中国的审判管理》，法律出版社 2012 年版，第 45 页。
③ 江必新：《审判管理与审判规律抉微》，载《法学杂志》2011 年第 5 期。
④ 参见王申：《司法行政化管理与法官独立审判》，载《法学》2010 年第 6 期。
⑤ 参见刘澍：《中国法院审判管理改革的结构性调整》，载《北京社会科学》2016 年第 3 期。

决策依据、决策过程等新型问题作出明确的规定。虽然，在有限的试点范围内，这些规则的缺失并未引发广泛的社会震荡，甚至很少有人论及它与我国司法体系可能存在的冲突，但这并不影响我们对它的追问和思虑。事实上，这些抉择的基础，都是司法规律或司法体系与科技发展对接时的冲突感，是一种关乎人文主义和数据主义之间的取舍。

一、人文主义与数据主义

何为人文主义，阿伦·布洛克曾对此进行过定义，其认为，人文主义聚焦于人，以人的经验作为人对自己、对上帝、对自然了解的出发点。[①] 从文艺复兴时期开始，人文主义经历了许多变迁，这些变迁都围绕着何为“人”以及何为“人的经验”进行了不同论证。在文艺复兴时期，人文主义主要在于歌颂人力的伟大与人的完美，反对中世纪神学的禁欲主义和来世观念，强调人应当按照人的自然本性生活，提倡人类在社会发展过程中的中性地位。[②] 到了现代，人文主义开始出现了众多流派，但是，无论是意志主义强调的非理智意志，还是生命哲学强调的非理性生命，抑或存在主义强调的非理性存在、弗洛伊德主义强调的非理性的本能，他们都认为，人类具有有别于机器、科技的“非理性”，对“人的经验”的关注需要聚焦在艺术等非理性的经验之上。[③] 在现代人文主义的视角下，科技与人文成了一种尖锐的对立面。例如，尼采就将科技定义为“贪得无厌的乐观主义认识”，将人文视为“信仰生命”的艺术精神，他认为，这种乐观主义的科学精神正在和人文的艺术精神发生斗争，[④] 科学的发展侵蚀着人文主义在社会生活中的意义。对于人

---

① 参见［英］阿伦·布洛克：《西方人文主义传统》，罗爽译，群言出版社2012年版，第14页。

② 参见魏金声：《人本主义与存在主义研究》，人民出版社2014年版，第39－42页。

③ 参见孟建伟：《科学与人文主义——论西方人文主义的三种形式》，载《自然辩证法通讯》2005年第3期。

④ 参见［德］尼采：《悲剧的诞生》，周国平译，生活·读书·新知三联书店1986年版，第66页。

文主义而言，无论对“人”进行何种定义，社会生活的主体应当是人类本身。人文主义在被提出之初，是为了对抗封建制度与宗教神学下的君本位、神本位，而在数据主义逐渐兴起之今日，其逐渐被用以对抗数据本位的理念。

数据主义认为，宇宙由数据流组成，任何现象或实体的价值就在于对数据处理的贡献，电子算法终有一天能够解开甚至超越生化算法。[①]在数据主义者看来，普通的信息化只停留在将信息技术应用于社会生活的层面，但没有做到数据流的最大化，[②] 数据化就是让一切都成为算法，一切都交由算法来处理，在信息自由上完全超越并取代以工具价值为基础的信息化。虽然，数据主义的信奉者也意识到一旦人们成为数据流的一部分，就意味着在隐私性、自主性、个别性上有所放弃，但他们觉得这“无伤大雅”。[③] 所以，“黑箱算法”等一系列在传统司法学者看来会极大影响司法公开等程序价值的做法，在数据主义者眼中只是实现数据化的一种必然途径——就像文艺复兴时期神本位让位于人本位一样，人本位也需要在当下让位于数据本位。并且，数据主义者天然地将人的价值进行了降级，而不再关注人的自主性，对人的管控视为实现数据最大化的目的，即使司法领域法官隐私权、法官审判权会受到影响，也不足为奇。

数据主义一经面世，就遭到诸多哲学学者，尤其是伦理学学者的批判。有学者认为，虽然数据技术在当下广为热捧，但数据技术无法摆脱其作为技术的局限性，它内在于“人”的本身，本质上还是依靠人的

① 参见［以］尤瓦尔·赫拉里：《未来简史》，林俊宏译，中信出版集团2017年版，第333页。

② 数据流（Data Steam）是一系列数字编码信号，用于表示传输中的信息。翻译自Institute for Telecommunication Sciences官网，https：//www. its. bldrdoc. gov/fs－1037/dir－010/_1451. htm。

③ 参见［以］尤瓦尔·赫拉里：《未来简史》，林俊宏译，中信出版集团2017年版，第348页。

力量来实现，无法诠释脱离人文主义以后的独立价值。[①] 从人文主义的发展初期来看，它在摒弃神本位所主张的“神”以后，依然可以独立地存在，这是因为人文主义并不需要借助任何“神力”，但数据主义却要借助“人力”，数据需要人类进行创造、采集，数据处理的算法也是由人来进行构建，一旦脱离“人”，数据主义根本无法实现。所以，数据主义无法效仿人文主义推翻神学主义、封建主义。

在人文主义的视角下，在人的活动所造就的对象面前，人其实也作为对象而存在和活动，无论这样的关系是主动地造就还是被动地发生。[②] 司法体系亦是如此。人们在创造了规则之后，规则的具体意涵随着人类社会的发展而变化，人的行为也会与规则作出调适，规则与人类社会共同构筑着一个庞大而复杂的系统。[③] 以数字取证模型为代表，无论证据法在取证规则上如何优化和努力，执法部门与罪犯始终处于竞争状态，[④] 侦查与反侦查、取证与规避排除规则，法律的滞后性无法穷尽式地规制这些行为的发生和发展。因而，技术为司法人工智能提供了无限的可能性，但受制于技术本身的局限，司法人工智能的发展依然需要以人文主义作为发展的依据。所以，在面对判例法与成文法的抉择、实体价值与程序价值的抉择、审判管理与审判管控的抉择时，技术的可行性或便捷性始终只能被视为影响抉择的一部分因素，而非全部。对于连接主义所导致的黑箱问题，也并不能因为技术上的迈进，而忽略程序正义的价值，罔顾司法公开的现实需求。人工智能被运用于司法审判后，它已不再是一个技术命题，不单单需要说服研究算法的同业者，更需要面对司法亲历者、法学研究人员、受到司法约束的所有公众。

---

① 参见高兆明：《“数据主义”的人文批判》，载《江苏社会科学》2018 年第 4 期。

② 韩水法：《人工智能时代的人文主义》，载《中国社会科学》2019 年第 6 期。

③ See Ronald J. Allen, *Rationality and the Taming of Complexity*, 62 Ala. L. Rev (2011), p. 1047 – 1068.

④ See Reith et al., *An Examination of Digital Forensic Models*, International Journal of Digital Evidence, 1. 3 (2002), p. 1 – 12.

二、人权制度与智能裁判

面对数据主义在社会意识中的渗入，甚至有学者创设了“第四代人权”，以强调智能时代数据主义对人权侵害行为的新型化。[①] 事实上，无论是否创设“第四代人权”，在传统的人权法则中，基本人权都较司法效率具有优位性，这也是智能裁判在人文主义与数据主义之间抉择的底线。

根据《世界人权宣言》第 10 条之规定，“人人完全平等地有权由一个独立而无偏倚的法庭进行公正的和公开的审讯，以确定他的权利和义务并判定对他提出的任何刑事指控”。根据这一规则，任何刑事指控都需要在法庭的审讯下进行。而智能化的裁判系统能否成为一种法庭，取决于能否认同智能裁判具有审判者的主体地位。有学者曾认为，以人工智能作为著作权主体的趋势为启发，可以对法官的范围进行扩大化，将智能裁判系统纳入法官的概念之中，人权宣言中的法庭内涵可因此得以丰富。[②] 但是，这种观念却与人权规则依据有所冲突。《公民权利和政治权利国际公约》第 14 条规定，“在判定对任何人提出的任何刑事指控或确定他在一件诉讼案中的权利和义务时，人人有资格由一个依法设立的合格的、独立的和无偏倚的法庭进行公正的和公开的审讯”。法庭的首要条件便是依法设立，但在各国的立法体系中，均未有对人工智能的法庭地位进行过任何立法。以我国为例，我国《人民法院组织法》中明确提出，任何案件都需要合议庭或法官一人独任审理，而合议庭中又必须至少存在一名法官，法官是法庭进行审判的充分且必要条件。我国《法官法》第 12 条又对法官的任职要求作出了国籍、身体条件、学

---

① 参见马长山：《智慧社会背景下的“第四代人权”及其保障》，载《中国法学》2019 年第 5 期。

② 该观点由北京大学刘银良教授在第二届“案例与法理”博士生研讨会上点评笔者报告时提出。

历等方面的要求，显然，人工智能系统在这些方面并不满足要求。而该法第 13 条更是直言“下列人员不得担任法官”，可见，法官的基本条件即须为一名“人员”，人工智能的属性与其并不相符。所以，无论是将智能裁判扩大解释为一种法庭，还是一种法官，都不具有合法性，也就难以符合人权规则的基本要求。

第七节　余论：智能裁判的前瞻

目前，在《人民法院第五个五年改革纲要（2019—2023）》中，智能辅助等新型科技作为智慧法院的构成，得到了广泛的重视。只是，除改革纲要对科技发展的注目外，却鲜有提及这些科技运用下的司法制度是否需要作出调整，抑或如何作出回应。有学者曾言，面对科学与技术的发展，不能以“鸵鸟政策”对法律制度和原则永恒化。[①] 在科技的发展过程中，司法体系既不能以守旧的姿态放任技术的肆意生长，无法及时作出制度回应，又不能对过去制度过于自信，而忽略制度发展下司法需要作出新的调适。“没有法律理论指导的法律实践必定是盲目而任性的盲动”，[②] 一味地将技术发展作为信息化改革的牵引只会走向数据主义的技术本位，而忽视人类社会人本主义的“自我意识”。

---

① 参见苏力：《法律与科技问题的法理学重构》，载《中国社会科学》1999 年第 5 期。

② 姚建宗：《中国语境中的法律实践概念》，载《中国社会科学》2014 年第 6 期。

第五章　技术赋权下的司法改革

“研究司法改革，不仅应当研究司法改革的内容，而且应当研究司法改革的方法。”①无论是远程审判、智能裁判、电子卷宗，还是信息化审判管理，附着了信息技术的“审判”，都对司法权力的运行产生了重要的影响。就整个国家司法权的角度而言，依托新型技术的信息化审判都试图将我国的司法形态由能动型向回应型转变。但是，与政权变革借由政治权力推动权威主义向民主的转型过程类似，受制于技术发展的有限程度和司法权力的利益交错，技术赋权下的信息化审判也是一种“不完全”的转型。本章将对这种转型过程进行总结，并提出未来发展过程中的研究方向。

第一节　技术与权力制约下的不完全转型

一、能动型司法与回应型司法

达马斯卡教授在《司法和国家权力的多重面孔》一书中提出，司法有两个极端的类型：能动型司法和回应型司法。对于能动型司法而言，其目的是施行国家政策，采用政策实施型程序；②而回应型司法则

---

① 熊秋红：《司法改革中的方法论问题》，载《法制与社会发展》2014 年第 6 期。

② See Mirjan R. Damaska, *The Faces of Justice and State Authority: A Comparative Approach to the Legal Process*, Yale University Press, 2009, p. 147.

是为了纠纷解决，采用纠纷解决型程序。[①] 这两种司法模式体现了国家权力（尤其是司法权力）的分配思路，能动型司法极为强调政府的作用，国家概念在司法运行过程中具有重要地位。大陆法系早期的司法运行模式就是典型的能动型司法，包括纠问式等一系列带有极强职权色彩的程序制度。而在信奉自由主义的英美法系，国家的意义显然被简化到了最低限度，司法过程的目标在于对双方当事人进行纠纷解决，而很少介入国家因素和国家政策，最直观的表现是英美法系的审判过程使用对抗式的纠纷解决方式，法官与陪审员在庭审的过程中尽可能地作为旁观者让双方当事人进行充分的对抗与辩论。在回应型司法中，程序的公正性比实体结果的公正性更为重要，但能动型司法则恰恰相反，程序法在能动型司法中居于次要席位——只要不违反实体法和国家政策的程序瑕疵，就有可能因为结果的正当性而被忽略。

二、从能动型到回应型的不完全转型

受苏联法律制度的影响，我国的司法制度一直接近于能动型司法模式，将司法作为国家政策的实施手段。然而，近年来受到英美法系的影响，审判的过程开始从纠问式向对抗式转变，司法过程的功能似乎有意侧重于纠纷解决。而于审判的信息化改革而言，改革者也有意将其作为回应型司法的一种构成。例如，在智慧法院的构建初期，官方层面就一直强调要将审判的信息化定位为对当事人便捷性的载体，提高其在纠纷解决过程中的“获得感”[②]。在刑事远程诉讼的首批试点中，也以程序分流这一类具有纠纷解决功能的案件类型作为切入口。而从互联网法院的构建过程中也可以发现，强制性的调解前置成了一项重要的程序制

① See Mirjan R. Damaska, *The Faces of Justice and State Authority: A Comparative Approach to the Legal Process*, Yale University Press, 2009, p. 97.

② “获得感”作为《中国语言生活状况报告（2016）》的“十大新词”，其含义为公众共享改革成果后的一种精神与物质层面的感观。在刑事诉讼中，大致指公众对于刑事司法改革后在个案公正上的提升感。

度。可见，在决策层面，信息化审判被视为实现回应型司法的一种途径。

但是，从目前的实践效果来看，适用信息化手段的审判活动依然还具有能动型司法的特征。在纠纷解决型程序中，法庭需要确保当事人有平等的程序武器进行对抗，但是在远程诉讼中，诉讼双方的对等性就很难实现。例如，公诉人可以视频出庭，而被告人的律师因为技术安全问题无法接入法院视频端口，双方无法做到充分的对等。并且，如前文所论述，远程诉讼形式的决定权在法官手中，就这需要法官在案件审判前就对案情作出判断，衡量其是否达到适用远程诉讼的标准，但此时的法官显然已经产生了预判，而不再是达马斯卡所言的“白板状态”（Tabula Rasa）。[①] 对于回应型司法而言，裁判者最重要的特征就是毫无准备地进入案件，否则很难保证在纠纷解决过程中的中立性。所以，在纠纷解决型程序中，法官可以根据当事人的请求提供若干种程序，但最终的选择权应当由当事人掌握。由法官确定程序方式并不构成典型的回应型司法。所以，目前我国审判信息化建设过程中，很多诉讼规则以传统的规则作为基础，只要不减损过去已经形成的司法权利，就可以获得试点权能，以此作为试点思路，很难保证司法活动可以依靠新技术实现从能动型到回应型的转型。

信息化改革的实践还是与地方的利益驱动存在些许错位的现象。在目前的信息化试点中，推动基层法院实施信息化改革的重要因素，仍是响应国家政策。对于地方而言，虽然案多人少等一系列司法问题需要通过信息化的手段加以解决，但信息化建设的周期过长，且存在技术漏洞等问题，很难迅速地缓解审判压力——远不及聘用司法雇员对司法压力的缓解效果来得迅速——因而就这个角度而言，基层法院很难真诚地投身到改革的建设中来。在基层法院的利益逻辑中，与企业的

---

① See Mirjan R. Damaska, *The Faces of Justice and State Authority: A Comparative Approach to the Legal Process*, Yale University Press, 2009, p. 137 - 138.

智能化、信息化不同，国家的司法系统不存在第二个系统与之竞争，即便是在信息化上做得不尽如人意，也不会影响现有的司法权威。而且，信息化建设的经费投入巨大，理性经济人以“成本—收益”作为决策依据，他们很难把这一成本与收益不够平衡的事物作为一项自发的基层改革内容。此时，国家政策等一系列影响因素的加入令信息化改革得到了真正的落实。所以从改革动因来讲，审判信息化改革很大程度上是为了响应国家政策。

可见，回应型要求将纠纷解决作为司法的首要功能，但是在信息化建设的过程中，纠纷解决的效果并未因此得到提升，主要还是为了响应相关政策。虽然，将法官从业务中释放出来可以让当事人在具体纠纷解决过程中获得更多的资源，但这种资源分配能否有效落实本身就存在疑问。这是因为，对于一个“超负荷”运转的司法体系，尤其是法官，我们无法保证新释放的司法资源将依然用于当事人的审判工作之中，也有可能转化为法官的合法休憩。当然，并不能因此就断言此轮信息化改革就是纯粹的能动型司法，其中还是有许多回应型司法的特征。“一个真正关注形式平等性之超越地位的政府，同时还会致力于对私人在诉讼上的开支设定限制”①，显然，中国法院并不要求诉讼参与人向法官额外支付因信息化手段而增加的费用，在开支层面消除了当事人适用的顾虑，没有额外增加双方当事人的成本压力，在成本上保障了形式平等。②

并非所有改革都可以处于毫无博弈的理想状态，相比于美国的司法体系，我国的司法体制借助政治决心等具有特殊国情特色的改革势力，保证了这一改革的实施过程与预定路线没有发生较大偏差，即便是依然

---

① ［美］米尔伊安·R. 达玛什卡：《司法和国家权力的多种面孔：比较视野中的法律程序》，郑戈译，中国政法大学出版社2004年版，第161页。

② 一如在前文中所提到的，反而是一些回应型司法的国家（如美国），在当事人的信息化成本上有时会存在争论。

带有能动型司法的影子，也在尽可能向回应型司法变迁，以保障司法纠纷解决功能的实现。所以，中国审判信息化虽然在向一种“实用主义”的改革主题靠拢，但这种转型的精细化程度还有待加强，只可谓“不完全转型”，其前路亦有待探寻。

第二节　深化改革与彻底转型的驱动力

近年来，中国对科学技术给予了极高的期待和关注，无论是微小至日常琐碎，还是宏观到国家战略，社会发展与科学技术早已被紧紧拴在一起。而在信息技术日趋发展之今日，信息技术也如其他科学技术一般被赋予了社会现代化的使命。在司法领域，以信息化为载体的司法改革在技术、政策等一系列因素的推动下迅速发展，影响了刑事审判领域的信息化改革。这场改革中，有着无数的利益主体，他们彼此存在不同的利益取向，都以特定的方式影响着改革的推进。

但行文至此，中国审判信息化改革的未来方向依然值得反复叩问。即便在应然层面审判信息化改革的制度化具有无数建议，却还是需要解答实践中的尖锐问题：审判的信息化改革，是否会在特定情形下矮化为一种形式主义的“政绩”手段？是否会异化为一种“蚕食”国家改革资本的幌子？虽然，在新冠肺炎疫情时期，以远程视频为代表的信息技术曾在审判运行之中大放异彩，但这并非司法改革的主要目的，更多的是偶然情境下的一次巧合。相较于巨大的改革成本，审判信息化的功能释放并不能依赖于极小概率的社会卫生事件的发生，而需要在更为日常的社会场景下进行反思和检验。因此，如何让审判信息化更为长久且有效地实现司法功能，依然将盘旋在改革决策者们的脑海之中。不妨大胆设想的是，法律层面、经济层面和政治层面将是实现其功能最大化的重要研究领域。

一、法律制度的研究基础

法律层面的约束是防止改革脱轨的重要依据。“法治是社会稳定的基础”，制度研究在很长时间内都理应居于审判信息化改革的首位。几乎已经达成共识的是，在当下的中国社会，高度的法治化才能令民众更加信赖社会的发展，[①]“法治是任何一个社会确定性的基础”[②]。目前审判信息化的制度构建尚处于初级阶段，尤其是其与传统诉讼制度相并行的状态令制度层面陷入较为芜杂的局面。从决策者和实施者所释放的改革信号来看，这种模式将在很长一段时间内存在。比如，最高人民法院在有关信息化建设的通报中认为，目前的审判信息化建设最主要的问题还是“无法进行充分试错”，而我国司法体系又坚持将试验性立法作为惯例，硬法的创制依托于试错经验，法院信息化建设之路径还是需要继续遵照原本设定的改革思路——先在部分领域、部分地区试点，待时机成熟再扩大适用范围，信息化和传统诉讼模式互不排斥。虽然，最高人民法院对这种改革模式格外青睐，本书亦在前文中阐释了这种改革模式下的优势和缺陷。但是，对于程序的制度化而言，需要及时作出取舍和回应——新旧并存的前提是明确二者之间差异，而非混为一谈，成为特权的空隙。[③]

二、利益平衡与技术竞争

经济层面的研究也需要由此跟进。当前审判信息化改革中，无论如何细分利益群体，都无法回避公权力掌舵者、社会民众和相关企业三个要素。但目前法院对大量的改革资源占有更多的主导权，法院可以根据

---

① 参见季卫东：《通往法治的道路：社会的多元化与权威体系》，法律出版社2014年版，第3页。

② 郑永年：《中国的当下与未来》，中信出版集团2019年版，第334页。

③ 参见罗豪才、宋功德：《认真对待软法——公域软法的一般理论及其中国实践》，载《中国法学》2006年第2期。

自己的业务需要进行相应的改革。就市场的角度而言，为审判的信息化提供技术将产生很大的收益，但由于改革以法院为主导，社会上的科技企业很难介入，目前亦主要是科大讯飞、腾讯等大型企业在从事相关的研究。一方面，因为对研究成果的评价标准极为模糊，会有一些投机者借机获取改革资源而不产生实际成效，导致改革无疾而终，大型企业有信誉背书，可以避免这些问题。另一方面，法院只和特定大型企业合作也容易形成某种“利益链条”，导致寡头垄断局面的出现。在经济学家看来，这种寡头垄断会令结果产生极大的不确定性，技术进步的推动力较弱，改革实效的实现难度极大。所以，当有巨大改革经费等司法资源介入后，信息化改革已经不再是单一的法学话题，在平衡各群体的利益上，也需要从经济学的视角为此提供更广阔的思路。

三、政治决心的介入

在政治层面，也需要明晰政治决心在审判信息化改革中的巨大能量。在我国现有的国家治理模式下，政治因素影响着大部分公权力的运行轨迹，尤其是审判信息化改革这种更偏向于结构化的调整。我国的制度生成机制主要是自上而下的供给主导型模式，制度创新由国家主导，“按韦伯的定义，国家是一种在某个给定地区对合法使用强制性手段具有垄断权的制度安排”。[①] 我国法院在 2015 年以后将信息化作为自身改革的重点，如果离开了特殊的政治背景，就很难理解我国的审判活动为何会在短时间内都开始步入信息化行列。但是，审判活动的特殊性质又决定了它无法过于依赖政治力量。一方面，虽然中央层面的政治力量对改革决策具有很大的影响力，但具体实施改革的大部分主体仍然在地方。即便地方主导的信息化试点还需要得到中央政治力量的最终赋权，

---

① 孔庆江：《国际经济法律规范的可移植性与国家经济安全的相关性研究——以 WTO 为例》，武汉大学出版社 2016 年版，第 121 页。

但对于既得利益者而言，往往会为影响自身利益的制度变迁设定障碍。① 我们难以确定这种地方政治的干扰因素会不会影响改革的实际效能。另一方面，过于强调政治影响力的改革也会为了迎合科层化的资源分配和评价体系，而忽视社会的真实诉求。在本书写作调研期间，一位律师事务所合伙人曾反问笔者：既然审判信息化的推动力来自相关政策，那么为何需要律师事务所甚至律师个人为信息化建设投入新的成本？事实上，审判信息化的过程不仅涉及法院等司法机关，也牵涉其他部门或个人，比如，律师事务所和律师需要同步跟进技术以应对电子阅卷、远程诉讼等活动。但由于改革的公共属性，改革经费只能划拨给体制内部的机构，律师事务所等体制外部机构无法享受到政治力量的福利，产生了资源分配的缺位。所以，以政治力量推动审判信息化改革在效率上占据优势，但对于司法体系这一极为特殊的场域来说，这种政治的介入还有待斟酌。

纵观全局，我国审判信息化改革牵涉了大量的利益群体，发端于政策与技术的二元推动，但也在试点的过程中受制于技术能力和政策力度。就法学研究的角度而言，本书已尽可能地以传统司法规律、法学理论为据对这些信息化审判制度作出评价。但审判信息化改革作为一项动态的演进，对它的研究亦岂止于此。受到技术和篇幅的限制，本书多以具体应用场景作为切入口，对审判信息化的具体应用环节展开研究，难免在研究广泛性上存在未尽情形，笔者将在后续的研究中持续观察，以推动审判信息化朝着更具严密体系化的方向发展。值得展望的是，如何发挥审判信息化改革的最大效能，如何形成一个更为规范的司法体系，除了需要法学界进行更为细致的研究外，也需要经济学、政治学等多学科的共同推动，我国刑事审判信息化改革的研究道阻且长。

---

① 参见杨俊一：《当代社会哲学引论》，上海大学出版社2014年版，第340页。

参考文献

一、中文类

（一）著作类

［1］［德］尼采：《悲剧的诞生》，周国平译，生活·读书·新知三联书店 1986 年版。

［2］［法］孟德斯鸠：《论法的精神》，许明龙译，商务印书馆 2016 年版。

［3］［美］波斯曼：《超越法律》，苏力译，中国政法大学出版社 2001 年版。

［4］［美］伯尔曼：《法律与宗教》，梁治平译，中国政法大学出版社 2003 年版。

［5］［美］丹尼斯·R. 贾德、［美］托德·斯旺斯特罗姆：《美国的城市政治》，于杰译，上海社会科学院出版社 2017 年版。

［6］［美］弗兰克·帕斯奎尔：《黑箱社会：控制金钱和信息的数据法则》，赵亚男译，中信出版社 2015 年版。

［7］［美］兰博约：《对抗式刑事审判的起源》，王志强译，复旦大学出版社 2010 年版。

［8］［美］罗尔斯：《正义论》，何怀宏等译，中国社会科学出版社 1988 年版。

［9］［美］亨廷顿：《变革社会中的政治秩序》，李盛平等译，华夏出版社 1988 年版。

［10］［日］棚濑孝雄：《纠纷的解决与审判制度》，王亚新译，中

国政法大学出版社 1994 年版。

［11］［苏］高里雅柯夫：《苏联的法院》，一之译，时代出版社 1950 年版。

［12］［以］尤瓦尔·赫拉利：《未来简史》，林俊宏译，中信出版集团 2017 年版。

［13］［英］阿伦·布洛克：《西方人文主义传统》，董乐山译，群言出版社 2012 年版。

［14］包世臣：《齐民四术》，中华书局 2001 年版。

［15］包献荣：《以审判为中心与直接言词原则》，中国政法大学出版社 2018 年版。

［16］蔡自兴主编：《人工智能及其应用》，清华大学出版社 2016 年版。

［17］陈光中主编：《〈中华人民共和国刑事诉讼法〉修改条文释义与点评》，人民法院出版社 2012 年版。

［18］陈光中等：《中国司法制度的基础理论问题研究》，经济科学出版社 2010 年版。

［19］陈光中主编：《刑事诉讼法》，北京大学出版社 2021 年版。

［20］陈瑞华：《刑事审判原理论》，北京大学出版社 2003 年版。

［21］陈兴良主编：《中国案例指导制度研究》，北京大学出版社 2014 年版。

［22］崔亚东：《人工智能与司法现代化》，上海人民出版社 2019 年版。

［23］高晋康、杨继文主编：《迎接智能法学的到来》，法律出版社 2019 年版。

［24］公丕祥：《当代中国的审判管理》，法律出版社 2012 年版。

［25］公丕祥：《当代中国的司法改革》，法律出版社 2012 年版。

［26］何勤华主编：《法国法律发达史》，法律出版社 2001 年版。

［27］胡铭：《刑事诉讼法学》，法律出版社 2016 年版。

［28］胡铭主编：《聚焦智慧社会》，浙江大学出版社 2018 年版。

［29］怀铁铮：《信息化：中国的出路与对策》，机械工业出版社 2006 年版。

［30］季卫东：《通往法治的道路：社会的多元化与权威体系》，法律出版社 2014 年版。

［31］季卫东主编：《中国的司法改革——制度变迁的路径依赖与顶层设计》，法律出版社 2016 年版。

［32］蒋惠岭：《司法改革的知与行》，法律出版社 2018 年版。

［33］教育部语言文字信息管理司组编：《中国语言生活状况报告（2016）》，商务印书馆 2016 年版。

［34］《德国刑事诉讼法典》，李昌珂译，中国政法大学出版社 1995 年版。

［35］李长城：《中国刑事卷宗制度研究》，法律出版社 2016 年版。

［36］梁坤主编：《信息化时代庭审方式变迁的实证研究》，清华大学出版社 2018 年版。

［37］林钰雄：《严格证明与刑事证据》，台北，学林文化事业有限公司 2002 年版。

［38］宋英辉、汤维建主编：《证据法学研究述评》，中国人民公安大学出版社 2006 年版。

［39］苏力：《法治及其本土资源》，北京大学出版社 2015 年版。

［40］孙笑侠：《程序的法理》，社会科学文献出版社 2017 年版。

［41］腾讯研究院等：《人工智能：国家人工智能战略行动抓手》，中国人民大学出版社 2017 年版。

［42］汪向东：《信息化：中国 21 世纪的选择》，社会科学文献出版社 1998 年版。

［43］王敏远等：《重构诉讼体制——以审判为中心的诉讼制度改

革》，中国政法大学出版社 2016 年版。

［44］魏金声：《人本主义与存在主义研究》，人民出版社 2014 年版。

［45］［美］吴军：《智能时代：大数据与智能革命重新定义未来》，中信出版社 2016 年版。

［46］伍咏梅主编：《中国法律年鉴（2018）》，中国法律年鉴社 2018 年版。

［47］杨临萍主编：《司法体制改革与智慧法院的实践与探索》，法律出版社 2019 年版。

［48］叶青主编：《依法独立行使审判权保障机制研究》，法律出版社 2018 年版。

［49］张保生主编：《证据法学》，中国政法大学出版社 2014 年版。

［50］张建伟：《刑事诉讼法通义》（第 2 版），北京大学出版社 2016 年版。

［51］张建伟：《证据法要义》，北京大学出版社 2014 年版。

［52］张卫平主编：《外国民事证据制度研究》，清华大学出版社 2003 年版。

［53］张悦：《网络庭审直播问题研究》，中国法制出版社 2016 年版。

［54］［美］米尔伊安·R. 达玛什卡：《司法和国家权力的多种面孔：比较视野中的法律程序》，郑戈译，中国政法大学出版社 2004 年版。

［55］郑世保：《在线解决纠纷机制（ODR）研究》，法律出版社 2012 年版。

［56］郑永年：《大趋势：中国下一步》，东方出版社 2019 年版。

［57］郑永年：《中国的当下与未来》，中信出版社 2019 年版。

［58］中国社会科学院法学研究所国家法治指数研究中心、法治指

数创新工程项目组：《中国法院信息化第三方评估报告》，中国社会科学出版社2016年版。

［59］李林、田禾主编：《中国法院信息化发展报告No. 1（2017）》，社会科学文献出版社2017年版。

［60］李林、田禾主编：《中国法院信息化发展报告No. 2（2018）》，社会科学文献出版社2018年版。

［61］陈甦、田禾主编：《中国法院信息化发展报告No. 3（2019）》，社会科学文献出版社2019年版。

［62］朱景文主编：《当代西方后现代法学》，法律出版社2002年版。

［63］邹碧华主编：《法庭上的心理学》，法律出版社2014年版。

［64］最高人民法院：《中国法院的司法改革》，人民法院出版社2016年版。

［65］周宏仁：《信息化概论》，电子工业出版社2009年版。

（二）论文类

［1］［日］小松崎清介等：《信息化的由来及其经济含义》，载李京文等主编：《信息化与经济发展》，社会科学文献出版社1994年版。

［2］［日］伊藤阳一：《日本信息化概念与历史研究》，载李京文等主编：《信息化与经济发展》，社会科学文献出版社1994年版。

［3］卞建林：《直接言词原则与庭审方式改革》，载《中国法学》1995年第6期。

［4］蔡一博：《智能辅助：AI下民商事办案系统的建构——以裁判思维与要件标注为切入点》，载《东方法学》2018年第3期。

［5］曹建峰：《“人工智能+法律”十大趋势》，载《机器人产业》2017年第5期。

［6］陈光中、汪海燕：《论刑事诉讼的“中立”理念——兼谈刑事诉讼制度的改革》，载《中国法学》2002年第2期。

［7］陈光中：《坚持程序公正与实体公正并重之我见——以刑事司法为视角》，载《国家检察官学院学报》2007 年第 2 期。

［8］陈国猛：《互联网时代资讯科技的应用与司法流程再造——以浙江省法院的实践为例》，载《法律适用》2017 年第 21 期。

［9］陈林林：《公众意见在裁判结构中的地位》，载《法学研究》2012 年第 1 期。

［10］陈瑞华：《“认罪认罚从宽”改革的理论反思——基于刑事速裁程序运行经验的考察》，载《当代法学》2016 年第 4 期。

［11］陈瑞华：《案卷移送制度的演变与反思》，载《政法论坛》2012 年第 5 期。

［12］陈瑞华：《论瑕疵证据补正规则》，载《法学家》2012 年第 2 期。

［13］陈瑞华：《论刑事诉讼中的过程证据》，载《法商研究》2015 年第 1 期。

［14］陈瑞华：《司法过程中的对抗与合作——一种新的刑事诉讼模式理论》，载《法学研究》2007 年第 3 期。

［15］陈卫东：《司法责任制改革研究》，载《法学杂志》2017 年第 8 期。

［16］陈卫东、郝银钟：《我国公诉方式的结构性缺陷及其矫正》，载《法学研究》2000 年第 4 期。

［17］陈兴良：《案例指导制度的规范考察》，载《法学评论》2012 年第 3 期。

［18］陈兴良：《宽严相济刑事政策研究》，载《法学杂志》2006 年第 1 期。

［19］陈兴良：《为辩护权辩护——刑事法治视野中的辩护权》，载《法学》2004 年第 1 期。

［20］陈学权：《论刑事诉讼中实体公正与程序公正的并重》，载

《法学评论》2013 年第 4 期。

［21］陈永生：《论直接言词原则与公诉案卷的移送及庭前审查》，载《法律科学（西北政法大学学报）》2001 年第 3 期。

［22］陈永生：《司法经费与司法公正》，载《中外法学》2009 年第 3 期。

［23］陈永生：《中国减刑、假释程序之检讨》，载《法商研究》2007 年第 2 期。

［24］陈增宝：《构建网络法治时代的司法新形态——以杭州互联网法院为样本的分析》，载《中国法律评论》2018 年第 2 期。

［25］陈典圣：《电子卷宗——行政执行 3.0（一）》，载《法务通讯》2018 年 6 月 22 日。

［26］程凡卿：《我国司法人工智能建设的问题与应对》，载《东方法学》2018 年第 3 期。

［27］程金华：《人工、智能与法院大转型》，载《上海交通大学学报（哲学社会科学版）》2019 年第 6 期。

［28］褚福民：《电子证据真实性的三个层面——以刑事诉讼为例的分析》，载《法学研究》2018 年第 4 期。

［29］董坤：《侦查讯问录音录像制度的功能定位及发展路径》，载《法学研究》2015 年第 6 期。

［30］段厚省：《远程审判的双重张力》，载《东方法学》2019 年第 4 期。

［31］段文波：《一体化与集中化：口头审理方式的现状与未来》，载《中国法学》2012 年第 6 期。

［32］樊崇义、李思远：《论电子证据时代的到来》，载《苏州大学学报（哲学社会科学版）》2016 年第 2 期。

［33］樊纲：《两种改革成本与两种改革方式》，载《经济研究》1993 年第 1 期。

［34］方帅：《我国互联网法院设置问题研究》，载《电子知识产权》2017 年第 8 期。

［35］冯姣、胡铭：《智慧司法：实现司法公正的新路径及其局限》，载《浙江社会科学》2018 年第 6 期。

［36］冯洁：《人工智能对司法裁判理论的挑战：回应及其限度》，载《华东政法大学学报》2018 年第 2 期。

［37］付雄、叶三方：《论远程审判的适用规则——克服远程审判之不足的制度设计》，载《内蒙古社会科学（汉文版）》2011 年第 4 期。

［38］高翔：《人工智能民事司法应用的法律知识图谱构建——以要件事实型民事裁判论为基础》，载《法制与社会发展》2018 年第 6 期。

［39］高学强：《人工智能时代的算法裁判及其规制》，载《陕西师范大学学报（哲学社会科学版）》2019 年第 3 期。

［40］高兆明：《“数据主义”的人文批判》，载《江苏社会科学》2018 年第 4 期。

［41］葛洪义：《法治建设的中国道路——自地方法制视角的观察》，载《中国法学》2010 年第 2 期。

［42］葛翔：《司法实践中人工智能运用的现实和前瞻——以上海法院行政案件智能辅助办案系统为参照》，载《华东政法大学学报》2018 年第 5 期。

［43］葛治华、邓兴广：《法院审判流程管理模式：反思与进路》，载《政治与法律》2006 年第 4 期。

［44］龚祥瑞、李克强：《法律工作的计算机化》，载《法学杂志》1983 年第 3 期。

［45］顾培东：《论对司法的传媒监督》，载《法学研究》1999 年第 6 期。

［46］郭华：《我国案卷移送制度功能的重新审视》，载《政法论坛》2013 年第 3 期。

［47］郭烁：《法院信息化建设二十二年：实践、问题与展望》，载《浙江工商大学学报》2019 年第 1 期。

［48］郭烁：《司法过程的信息化应对——互联网时代法院建设的初步研究》，载《暨南学报（哲学社会科学版）》2017 年第 10 期。

［49］韩水法：《人工智能时代的人文主义》，载《中国社会科学》2019 年第 6 期。

［50］韩喜平、刘雷：《“痕迹主义”历史衍生逻辑与系统化治理》，载《新疆师范大学学报（哲学社会科学版）》2019 年第 5 期。

［51］韩振文：《论认知风格对法官决策差异形成的影响》，载《中南大学学报（社会科学版）》2016 年第 6 期。

［52］何家弘：《法院庭审直播的实证研究》，载《法律科学（西北政法大学学报）》2015 年第 3 期。

［53］何勤华：《关于新中国移植苏联司法制度的反思》，载《中外法学》2002 年第 3 期。

［54］何艳玲：《中国行政体制改革的价值显现》，载《中国社会科学》2020 年第 2 期。

［55］何玉：《计算机技术在国外法院中的运用》，载《政治与法律》1985 年第 2 期。

［56］侯猛：《互联网技术对司法的影响——以杭州互联网法院为分析样本》，载《法律适用》2018 年第 1 期。

［57］侯学宾：《我国电子诉讼的实践发展与立法应对》，载《当代法学》2016 年第 5 期。

［58］胡昌明：《建设“智慧法院”配套司法体制改革的实践与展望》，载《中国应用法学》2019 年第 1 期。

［59］胡昌明：《中国智慧法院建设的成就与展望——以审判管理

的信息化建设为视角》，载《中国应用法学》2018 年第 2 期。

［60］胡凌：《人工智能的法律想象》，载《文化纵横》2017 年第 2 期。

［61］胡敏洁：《自动化行政的法律控制》，载《行政法学研究》2019 年第 2 期。

［62］胡铭：《电子数据在刑事证据体系中的定位与审查判断规则——基于网络假货犯罪案件裁判文书的分析》，载《法学研究》2019 年第 2 期。

［63］胡铭：《认罪态度对法官判决影响的实证分析》，载《江苏行政学院学报》2014 年第 2 期。

［64］胡铭：《审判中心与被害人权利保障中的利益衡量》，载《政法论坛》2018 年第 1 期。

［65］胡铭：《司法公信力的理性解释与建构》，载《中国社会科学》2015 年第 4 期。

［66］胡铭：《网络庭审直播视野中的刑事审判——基于问卷调查的实证分析》，载《浙江大学学报（人文社会科学版）》2011 年第 4 期。

［67］胡铭：《现代科技引入司法的十大核心问题》，载《中国社会科学报》2019 年 10 月 16 日，第 5 版。

［68］黄京平：《刑事司法人工智能的负面清单》，载《探索与争鸣》2017 年第 10 期。

［69］黄少安：《关于制度变迁的三个假说及其验证》，载《中国社会科学》2000 年第 4 期。

［70］季卫东：《人工智能时代的法律议论》，载《法学研究》2019 年第 6 期。

［71］季卫东：《人工智能时代的司法权之变》，载《东方法学》2018 年第 1 期。

［72］季卫东：《人工智能开发的理念、法律以及政策》，载《东方法学》2019 年第 4 期。

［73］江必新：《审判管理与审判规律抉微》，载《法学杂志》2011 年第 5 期。

［74］江国华、何盼盼：《数据共享与中国司法现代化》，载《中国高校社会科学》2017 年第 1 期。

［75］姜启波等：《人民法院组织法修改的解读》，载《人民司法》2019 年第 1 期。

［76］蒋晓宁、叶澄清：《电子证据与反拒认协议》，载《通信学报》2000 年第 7 期。

［77］解亘：《日本的判例制度》，载《华东政法大学学报》2009 年第 1 期。

［78］金昌伟：《人工智能分案机制探析》，载《中国政法大学学报》2020 年第 2 期。

［79］鞠海亭：《电子方式送达法律文书问题研究》，载《人民司法》2006 年第 5 期。

［80］柯穗娃、陈建福：《新技术革命带来法学新课》，载《法学季刊》1984 年第 3 期。

［81］劳东燕：《论言词、直接原则》，载《法学》1998 年第 2 期。

［82］李本：《美国司法实践中的人工智能：问题与挑战》，载《中国法律评论》2018 年第 2 期。

［83］李本森：《刑事速裁程序试点的本地化差异——基于北京、上海、广州和西安试点的地方文本分析》，载《中外法学》2017 年第 2 期。

［84］李本森：《刑事速裁程序试点研究报告——基于 18 个试点城市的调查问卷分析》，载《法学家》2018 年第 1 期。

［85］李飞：《人工智能与司法的裁判及解释》，载《法律科学（西

北政法大学学报)》2018 年第 5 期。

[86] 李峰:《司法如何回应网络技术进步——兼论视听传输技术作证的运用规则》,载《现代法学》2014 年第 3 期。

[87] 李亢:《人工智能背景下的就业现状与对策》,载《中国法律评论》2018 年第 2 期。

[88] 李伦、黄关:《数据主义与人本主义数据伦理》,载《伦理学研究》2019 年第 2 期。

[89] 李敏慎:《司法改革客体和改革路径之反思——以司法事权改革为视角》,载《法学家》2018 年第 2 期。

[90] 李生龙、贾科:《反思与重塑:法院系统内部审判管理机制研究》,载《西南政法大学学报》2010 年第 4 期。

[91] 李帅:《司法改革中“央—省”二阶独立司法预算的构建》,载《云南社会科学》2015 年第 5 期。

[92] 李效时:《科学技术在生产力发展中的地位和作用》,载《科技进步与对策》1991 年第 4 期。

[93] 李越、黄渝景:《试论刑事诉讼程序参与原则及其异化初断》,载《法治研究》2008 年第 9 期。

[94] 栗峥:《人工智能与事实认定》,载《法学研究》2020 年第 1 期。

[95] 廖永安、王聪:《法院如何执行公共政策:一种实用主义与程序理性有机结合的裁判进路——以“电梯内劝阻吸烟案”为切入点》,载《政治与法律》2019 年第 12 期。

[96] 廖钰、王肖:《关于省以下地方法院经费保障制度的调研——基于“省级统管”改革背景下的现状检视和体系重构》,载《中国应用法学》2018 年第 1 期。

[97] 廖元勋:《网络视频在远程审判中的运用》,载《中国审判》2008 年第 10 期。

［98］林喜芬：《美国法院遵循先例的运行机制及启示》，载《比较法研究》2015 年第 2 期。

［99］林喜芬：《内生司法文化：审判权独立运行的可能障碍》，载《理论视野》2015 年第 4 期。

［100］凌杰：《电子计算机与法学研究——介绍一个辅助法学研究的电子计算机系统》，载《法学研究》1985 年第 1 期。

［101］刘建军、孙森：《关于“痕迹主义”的理论分析》，载《新疆师范大学学报（哲学社会科学版）》2019 年第 4 期。

［102］刘玫：《论直接言词原则与我国刑事诉讼——兼论审判中心主义的实现路径》，载《法学杂志》2017 年第 4 期。

［103］刘品新：《电子证据的鉴真问题：基于快播案的反思》，载《中外法学》2017 年第 1 期。

［104］刘品新：《论电子证据的原件理论》，载《法律科学（西北政法大学学报）》2009 年第 5 期。

［105］刘艳红：《大数据时代审判体系和审判能力现代化的理论基础与实践展开》，载《安徽大学学报（哲学社会科学版）》2019 年第 3 期。

［106］刘哲玮：《民事电子证据：从法条独立到实质独立》，载《证据科学》2015 年第 6 期。

［107］龙宗智：《“内忧外患”中的审判公开——主要从刑事诉讼的视角分析》，载《当代法学》2013 年第 6 期。

［108］龙宗智：《“以审判为中心”的改革及其限度》，载《中外法学》2015 年第 4 期。

［109］龙宗智：《论建立以一审庭审为中心的事实认定机制》，载《中国法学》2010 年第 2 期。

［110］龙宗智：《论司法改革中的相对合理主义》，载《中国社会科学》1999 年第 2 期。

［111］龙宗智：《审判管理：功效、局限及界限把握》，载《法学研究》2011 年第 4 期。

［112］罗豪才、宋功德：《认真对待软法——公域软法的一般理论及其中国实践》，载《中国法学》2006 年第 2 期。

［113］马长山：《智慧社会背景下的“第四代人权”及其保障》，载《中国法学》2019 年第 5 期。

［114］马长山：《智能互联网时代的法律变革》，载《法学研究》2018 年第 4 期。

［115］孟建伟：《科学与人文主义——论西方人文主义的三种形式》，载《自然辩证法通讯》2005 年第 3 期。

［116］孟祥：《信息时代司法公开的认识与实践》，载《法律适用》2015 年第 9 期。

［117］牟绿叶：《论可补正的排除规则》，载《中国刑事法杂志》2011 年第 9 期。

［118］牟绿叶：《论指导性案例的效力》，载《当代法学》2014 年第 1 期。

［119］潘庸鲁：《人工智能介入司法领域的价值与定位》，载《探索与争鸣》2017 年第 10 期。

［120］潘庸鲁：《人工智能介入司法领域路径分析》，载《东方法学》2018 年第 3 期。

［121］钱大军：《司法人工智能的中国进程：功能替代与结构强化》，载《法学评论》2018 年第 5 期。

［122］强梅梅：《法院人员分类管理改革的历程、难点及其破解》，载《政治与法律》2017 年第 1 期。

［123］秦汉：《宪法视域下巡回法庭的“去地方化”功能》，载《政治与法律》2017 年第 3 期。

［124］秦宗文、严正华：《刑事案例指导运行实证研究》，载《法

制与社会发展》2015 年第 4 期。

［125］渠敬东、周飞舟等：《从总体支配到技术治理——基于中国 30 年改革经验的社会学分析》，载《中国社会科学》2009 年第 6 期。

［126］桑胜高：《让互联网技术为信访提速》，载《人民法院报》2016 年 7 月 19 日，第 2 版。

［127］盛明科、陈廷栋：《“痕迹主义”的产生机理与防治对策——以行政责任为视角》，载《行政论坛》2019 年第 4 期。

［128］盛学军、邹越：《智能机器人法官：还有多少可能和不可能》，载《现代法学》2018 年第 4 期。

［129］史明洲：《区块链时代的民事司法》，载《东方法学》2019 年第 3 期。

［130］疏义红、徐记生：《从在线争议解决到互联网法院》，载《人民法院报》2017 年 11 月 11 日，第 2 版。

［131］宋朝武：《电子司法的实践运用与制度碰撞》，载《中国政法大学学报》2011 年第 6 期。

［132］宋英辉、李哲：《直接、言词原则与传闻证据规则之比较》，载《比较法研究》2003 年第 5 期。

［133］苏力：《法律与科技问题的法理学重构》，载《中国社会科学》1999 年第 5 期。

［134］孙道萃：《我国刑事司法智能化的知识解构与应对逻辑》，载《当代法学》2019 年第 3 期。

［135］孙佳敏、俞锋：《网络版权保护及纠纷解决机制的国际发展与现实启示》，载《中国出版》2016 年第 14 期。

［136］孙笑侠：《公案的民意、主题与信息对称》，载《中国法学》2010 年第 3 期。

［137］孙笑侠：《司法的政治力学——民众、媒体、为政者、当事人与司法官的关系分析》，载《中国法学》2011 年第 2 期。

［138］孙远：《卷宗移送制度改革之反思》，载《政法论坛》2009年第1期。

［139］汤维建：《“智慧法院”让司法更公正、更高效》，载《人民论坛》2017年第4期。

［140］唐皇凤：《常态社会与运动式治理——中国社会治安治理中的“严打”政策研究》，载《开放时代》2007年第3期。

［141］田天：《〈中国刑法专家系统〉在汉通过鉴定》，载《中南政法学院学报》1990年第4期。

［142］田源：《刑事二审不开庭审理常态化现象透析与问题疏解——以D省Z市中院为分析样本》，载《山东大学学报（哲学社会科学版）》2017年第5期。

［143］童之伟：《信访体制在中国宪法框架中的合理定位》，载《现代法学》2011年第1期。

［144］汪海燕：《论刑事庭审实质化》，载《中国社会科学》2015年第2期。

［145］王超：《全程录音录像制度的功能异化——以侦查讯问录音录像的选择性录制与播放为视角》，载《华中科技大学学报（社会科学版）》2014年第1期。

［146］王福华：《电子法院：由内部到外部的构建》，载《当代法学》2016年第5期。

［147］王福华：《电子诉讼制度构建的法律基础》，载《法学研究》2016年第6期。

［148］王禄生：《大数据与人工智能司法应用的话语冲突及其理论解读》，载《法学论坛》2018年第5期。

［149］王禄生：《司法大数据与人工智能开发的技术障碍》，载《中国法律评论》2018年第2期。

［150］王敏远：《司法改革背景下的三机关相互关系问题探讨》，

载《法制与社会发展》2016 年第 2 期。

［151］王敏远：《刑事缺席审判制度探讨》，载《法学杂志》2018 年第 1 期。

［152］王敏远：《以审判为中心的诉讼制度改革问题初步研究》，载《法律适用》2015 年第 6 期。

［153］王申：《司法行政化管理与法官独立审判》，载《法学》2010 年第 6 期。

［154］王胜俊：《创新和加强审判管理 确保司法公正高效——在全国大法官专题研讨班上的讲话》，载《人民法院报》2010 年 8 月 24 日，第 1 版。

［155］王世民：《稳步推进信息化在审判工作中的全面应用》，载《人民司法》2007 年第 17 期。

［156］王文广等：《基于混合深度神经网络模型的司法文书智能化处理》，载《清华大学学报（自然科学版）》2019 年第 7 期。

［157］王跃生：《不同改革方式下的改革成本与收益的再讨论》，载《经济研究》1997 年第 3 期。

［158］吴大华、蒋熙辉：《从重从快方针与死刑限制政策的悖反与调和》，载《政治与法律》2003 年第 1 期。

［159］吴纪奎：《对抗式刑事诉讼改革与有效辩护》，载《中国刑事法杂志》2011 年第 5 期。

［160］吴世宧等：《电子计算机法律咨询的设想与前景》，载《科技管理研究》1983 年第 2 期。

［161］吴习彧：《裁判人工智能化的实践需求及其中国式任务》，载《东方法学》2018 年第 2 期。

［162］吴英姿：《司法的限度：在司法能动与司法克制之间》，载《法学研究》2009 年第 5 期。

［163］吴志攀：《提高审判效率的另一种思路》，载《人民司法》

1999 年第 11 期。

［164］谢鹏程：《努力实现从粗放式司法向精细化司法的转变》，载《人民论坛》2016 年第 10 期。

［165］谢澍：《司法信息公开：误区、澄清与展望》，载《东南学术》2015 年第 1 期。

［166］谢欣：《远程审判——传统审判方式的延伸和补充》，载《天府新论》2019 年第 1 期。

［167］邢文贵、孙占茂：《专家系统在司法工作中的应用》，载《当代法学》1987 年第 2 期。

［168］熊秋红：《司法改革中的方法论问题》，载《法制与社会发展》2014 年第 6 期。

［169］熊秋红：《为什么要设立互联网法院》，载《人民论坛》2018 年第 5 期。

［170］熊秋红：《以念斌案为标本推动审判中心式的诉讼制度改革》，载《中国法律评论》2015 年第 3 期。

［171］徐骏：《智慧法院的法理审思》，载《法学》2017 年第 3 期。

［172］徐清宇：《智慧审判苏州模式的实践探索》，载《人民法院报》2017 年 9 月 13 日，第 8 版。

［173］徐阳：《"舆情再审"：司法决策的困境与出路》，载《中国法学》2012 年第 2 期。

［174］徐玉弟等：《涉诉信访法治化建构的思考——以 S 市 M 法院近五年涉诉信访案件为研究对象》，载《上海法学研究》2019 年第 12 卷。

［175］薛军：《意大利的判例制度》，载《华东政法大学学报》2009 年第 1 期。

［176］薛永慧：《海峡两岸远程审判合作刍议》，载《台湾研究集

刊》2014 年第 6 期。

［177］燕继荣：《社会变迁与社会治理——社会治理的理论解释》，载《北京大学学报（哲学社会科学版）》2017 年第 5 期。

［178］杨力：《人工智能对认知、思维和行为方式的改变》，载《探索与争鸣》2017 年第 10 期。

［179］姚建宗：《中国语境中的法律实践概念》，载《中国社会科学》2014 年第 6 期。

［180］叶青：《主审法官依法独立行使审判权的羁绊与出路》，载《政治与法律》2015 年第 1 期。

［181］尹锋林：《当代司法科技的基本架构和发展趋势》，载《科学学研究》2019 年第 2 期。

［182］李怀胜等：《杭州互联网法院的历史意义、司法责任与时代使命》，载《比较法研究》2018 年第 3 期。

［183］俞可平：《推进国家治理体系和治理能力现代化》，载《前线》2014 年第 1 期。

［184］俞立平：《工业化与信息化互动关系的实证研究》，载《中国软科学》2009 年第 1 期。

［185］俞思瑛、季卫东等：《对话：技术创新、市场结构变化与法律发展》，载《交大法学》2018 年第 3 期。

［186］原新利、续圆圆：《人工智能对司法领域的“正负”双重功能》，载《广西社会科学》2018 年第 10 期。

［187］曾娇艳：《减刑庭审实质化的必要与可能——从减刑是罪犯的权利说起》，载《湖北社会科学》2019 年第 1 期。

［188］张保生：《法律推理中的法律理由和正当理由》，载《法学研究》2006 年第 6 期。

［189］张保生：《人工智能法律系统：两个难题与一个悖论》，载《上海师范大学学报（哲学社会科学版）》2018 年第 6 期。

[190] 张保生：《事实、证据与事实认定》，载《中国社会科学》2017 年第 8 期。

[191] 张洪松：《独立、问责和支配的统合：中国司法经费管理体制改革的政治分析》，载《思想战线》2019 年第 2 期。

[192] 张吉豫：《人工智能良性创新发展的法制构建思考》，载《中国法律评论》2018 年第 2 期。

[193] 张建伟：《审判中心主义的实质内涵与实现途径》，载《中外法学》2015 年第 4 期。

[194] 张明：《“痕迹主义”的表现、实质、危害与批判路径》，载《新疆师范大学学报（哲学社会科学版）》2019 年第 4 期。

[195] 张骐：《论中国案例指导制度向司法判例制度转型的必要性与正当性》，载《比较法研究》2017 年第 5 期。

[196] 张骐：《再论指导性案例权力的性质和保证》，载《法制与社会发展》2013 年第 1 期。

[197] 张玉洁：《区块链技术的司法适用、体系难度与证据法革新》，载《东方法学》2019 年第 3 期。

[198] 章程：《论指导性案例的法源地位与参照方式——从司法权核心功能与法系方法的融合出发》，载《交大法学》2018 年第 3 期。

[199] 赵廷光：《论〈中国刑法专家系统〉的研制》，载《武汉大学学报（社会科学版）》1991 年第 2 期。

[200] 赵西巨等：《言词原则与民事诉讼改革：基于域外法的观察》，载《证据科学》2015 年第 5 期。

[201] 郑戈：《区块链与未来法治》，载《东方法学》2018 年第 3 期。

[202] 郑智：《刑讯与五听：“情实”背后的身体思维模式》，载《法律科学（西北政法大学学报）》2014 年第 3 期。

[203] 郑智航：《党管政法的组织基础与实施机制——一种组织社

会学的分析》，载《吉林大学社会科学学报》2019年第5期。

［204］周宝峰：《刑事被告人迅速审判权研究》，载《刑事法评论》2005年第16卷。

［205］周翠：《互联网法院建设及前景展望》，载《法律适用》2018年第3期。

［206］周光权：《刑事案例指导制度：难题与前景》，载《中外法学》2013年第3期。

［207］周汉华：《论建立独立、开放与能动的司法制度》，载《法学研究》1999年第5期。

［208］周强：《以习近平总书记系列重要讲话精神为指导全面推进审判体系和审判能力现代化》，载《法律适用》2016年第7期。

［209］周永坤：《信访潮与中国纠纷解决机制的路径选择》，载《暨南学报（哲学社会科学版）》2006年第1期。

［210］周佑勇：《智能技术驱动下的诉讼服务问题及其应对之策》，载《东方法学》2019年第5期。

［211］朱体正：《人工智能辅助刑事裁判的不确定风险及其防范——美国威斯康星州诉卢米斯案的启示》，载《浙江社会科学》2018年第6期。

［212］朱孝清：《司法的亲历性》，载《中外法学》2015年第4期。

［213］左卫民：《从通用化走向专门化：反思中国司法人工智能的运用》，载《法学论坛》2020年第2期。

［214］左卫民：《关于法律人工智能在中国运用前景的若干思考》，载《清华法学》2018年第2期。

［215］左卫民：《认罪认罚何以从宽：误区与正解——反思效率优先的改革主张》，载《法学研究》2017年第3期。

［216］左卫民：《信息化与我国司法——基于四川省各级人民法院

审判管理创新的解读》，载《清华法学》2011 年第 4 期。

二、英文类

［1］ Alan S. Miller, *Public Interest Group Participation in Decision – making: the Broader Meaning of the Law Reform Commission Proposals*, Federal Law Review (1979).

［2］ Ann Black & Court Ceremonies, *Ritual and Symbolism: How Islamic Law and English Common Law are Conceptualised and Apply to an Unlawful Killing*, Griffith Law Review 21, No. 2 (2012).

［3］ Anne Wallace, *Virtual Justice in the Bush: The Use of Court Technology in Remote and Regional Australia*, Journal of Law, Information and Science 19, No. 1 (2008).

［4］ Blaivas & Jerry G. , *Freedom of the press and the public's right to know*, Neurourology and Urodynamics (2000).

［5］ Chandler Daniel & Munday Rod, *Information technology*, *A Dictionary of Media and Communication* (*firsted.*), Oxford University Press (2011).

［6］ *Common Sense*, *Rationality*, *and the Legal Process*, 22 Cardozo Law Review (2001) .

［7］ *Criminal Procedure: The Right to a Speedy Trial*, Duke Law Journal, 1961 (4).

［8］ Daintith John, *IT*, *A Dictionary of Physics*, Oxford University Press (2009).

［9］ Danielle Keats Citron, *Technological Due Process*, 85 Wash. U. L. Rev (2008).

［10］ Davide Carnevali & Andrea Resca, *Pushing at the Edge of Maximum Manageable Complexity: The Case of Trial Online in Italy*, The Circulation of Agency in E – justice, Springer (2014).

[11] Dixon H. , *Remote witness testimony in criminal trials: Technologically inevitable or constitutionally doomed*, Judges' Journal, 47 (4).

[12] Edward Tse, *Trade war or not, from AI to blockchain and new energy vehicles, China is on the front row for the Fourth Industrial Revolution*, South China Morning Post (2018).

[13] Francesco Contini & Giovan Francesco Lanzara, *The Circulation of Agency in E – Justice*, Springer 2014.

[14] Friedman R. D. , *Remote testimony*, University of Michigan Journal of Law Reform, 35 (4).

[15] Garson James, "*Connectionism*", The Stanford Encyclopedia of Philosophy (Fall 2018 Edition).

[16] Hon. Lord Gifford, *Law a Schoolmaster; or, the Educational Function of Jurisprudence*, Journal of Jurisprudence 23 (1879).

[17] John H. Wigmore, *Problem of Proof*, 8 Ill. L. R. (1913).

[18] Kiviat T. I. , *Beyond bitcoin: Issues in regulating blockchain transactions*, Duke L. J. , 65 (3).

[19] L. Karl Branting, *Artificial Intelligence and the Law From A Research Perspective*, 14 No. 3 ABA SciTech Law (2018).

[20] Leavitt Harold J. & Whisler Thomas L. , *Management in the* 1980*s*, Harvard Business Review.

[21] Lee G. , *Information technology: The law society response to the challenges*, International Legal Practitioner, 8 (2).

[22] Leroux O. , *Legal admissibility of electronic evidence*, International Review of Law, Computers Technology, 18 (2).

[23] Mirjan R. Damaska, *The Faces of Justice and State Authority: A Comparative Approach to the Legal Process*, Yale University Press (2009).

[24] Moss Joe S. , *Examination and Cross Examination of Witnesses*,

South Texas Law Journal, Vol. 5: 1 (1960).

[25] Newell, Allen & Herbert A. Simon, *Computer Science as Empirical Inquiry: Symbols and Search*, Communications of the ACM (1976).

[26] Northpoint Company: Practitioner's Guide to COMPAS Core.

[27] Papernot N. et al., *Towards the science of security and privacy in machine learning*, arXiv preprint arXiv: 1611.03814 (2016).

[28] Reith et al., *An examination of digital forensic models*, International Journal of Digital Evidence, 1.3 (2002).

[29] Ric Simmons, *Big Data and Procedural Justice: Legitimizing Algorithms in the Criminal Justice System*, 15 Ohio St. J. Crim. L. 573 (2018).

[30] Robin Toffler & Uta When, *Knowledge Societies: Information Technology for Sustainable Development*, Oxford University Press (1998).

[31] Ronald J. Allen, *Common Sense, Rationality, and the Legal Process*, 22 Cardozo Law Review (2001).

[32] Ronald J. Allen, *Comprehensive Criminal Procedure*, 5th ed. (2019).

[33] Ronald J. Allen, *How to Think About Errors, Costs, and Their Allocation*, 64 Florida Law Review (2012).

[34] Ronald J. Allen, *Rationality and the Taming of Complexity*, 62 Alabama Law Review (2011).

[35] Samaha Joel, *Criminal Law (11th Edition)*, Wadsworth Publishing Company (2013).

[36] Schwartz, *Administrative Law*, Brown & Comapany, (1976).

[37] Stone J., *Man and machine in the search for justice*, Stanford Law Review, 16 (3).

[38] Stuart Haber & W. Scott Stornetta, *How To Time - Stamp a Digital Document*, Journal of Cryptology (3).

[39] Susan Trevaskes, *Political Ideology, the Party, and Politicking: Justice System Reform in China*, Modern China (2011).

[40] Taslitz A. E., *Cybersurveillance Without Restraint: The Meaning and Social Value of the Probable Cause and Reasonable Suspicion Standards in Governmental Access to Third - party Electronic Records*, Journal of Criminal Law and Criminology, 103 (3).

[41] Uviller H. Richard, *Barker v. Wingo: Speedy Trial Gets A Fast Shuffle*, Columbia Law Review, 72 (8).

[42] Wiggins Elizabeth C., *What We Know and What We Need to Know about the Effects of Courtroom Technology*, William & Mary Bill of Rights Journal, Vol. 12: 3 (2004).

[43] William Knapp, *Symbolism in the Criminal Trial Ritual*, Bracton Law Journal, 10 (1977).